文學叢刊

陳福成編著

世界洪門歷史文化協會論壇

——澳門洪門2015記實

文史哲出版社印行

國家圖書館出版品預行編目資料

世界洪門歷史文化協會論壇：澳門洪門 2015 記實 / 陳福成編著 . --初版 --臺北市：文史哲，民 105.01
頁；公分（文學叢刊；359）
ISBN 978-986-314-284-3（平裝）

1.天地會 2.澳門特別行政區

546.92 104028405

文 學 叢 刊 359

世界洪門歷史文化協會論壇

— 澳門洪門 2015 記實

編著者：陳福成
出版者：文史哲出版社
http:// www.lapen.com.tw
e-mail：lapen@ms74.hinet.net
登記證字號：行政院新聞局版臺業字五三三七號
發行人：彭正雄
發行所：文史哲出版社
印刷者：文史哲出版社
臺北市羅斯福路一段七十二巷四號
郵政劃撥帳號：一六一八〇一七五
電話886-2-23511028・傳真886-2-23965656

定價新臺幣二八〇元

二〇一六年（民一〇五）一月初版

ISBN 978-986-314-284-3 09359

中 國 全 民 民 主 統 一 會

欣悉　中華文化促進會、世界孫逸仙博愛基金會及中國新洪門黨共同發起組成世界洪門歷史文化協會,正式成立,並在中國澳門特別行政區註冊登記有案.預期　貴會全體昆仲賢達,必能秉持　貴會400餘年來之忠義精神,發揚中華文化,使中華民族永垂不朽！

中 國 全 民 民 主 統 一 會

會 長　王　化　榛　敬賀

2015年08月04日

自序：本書出版動機，留住洪門大業回歸歷史

留住現在，保存歷史，讓後人知道我們現在的人，幹了什麼好事（或壞事）？是作家史家重要職責之一。我亦如是期許自己，所以去年（二〇一四）中國全民民主統一會天津北京行回來，我即出版《中國全民民主統一會北京天津行》一書。

若不有系統的留住大家辛苦完成的輝煌事蹟，不出多久，所有的記憶和活動，就如泡沫般消失，如煙灰般滅息，除了可惜，後人無從了解研究。

本書除本文三章，由筆者簡述澳門背景和此次洪門大會經過，餘附件一、二、四、五，都以圖表、照片保留洪門活動的影像文獻。書前和附件五的相片，均由吳珠延小姐

拍攝，感謝她的用心。

參加這次全統會澳門洪門活動，甚感主辦者和洪門兄弟的熱情用心，但讓這些寶貴資料如泡沫般消失，實益很可惜。我只好整理著編成本書，正式出版，留住洪門大業，才能歸檔歷史，讓後人有文獻可查，知道我們這一代的洪門為中國統一大業，幹了多少好事。（台北公館蟾蜍山萬盛草堂主人　陳福成　志於二〇一五年十一月）

世界洪門歷史文化協會論壇

——澳門洪門 2015 記實

目 次

自序：本書出版動機，留住洪門大業回歸歷史……一
第一章　澳門的前世（一九七〇年以前）……一一
第二章　現代澳門特別行政區……一六
第三章　參加 2015 世界洪門歷史文化協會成立——中國澳門洪門論壇記實隨筆……三〇
附件一　紀念抗戰勝利70週年老將軍書畫展……三七
附件二　歡慶祝賀（各界致辭、賀詞、講話等）……六五
附件三　中國洪門民治黨的興衰：司徒美堂與洪門一段黨史……一二九
附件四　洪門與中國近代政治黨派分合關係表……一四七
附件五　全統會參加洪門歷史文化協會成立照片錦集……一五二

每個人戴的是「洪門紀念章」，後排右起：吳珠延、吳淑媛、趙良林、作者、陳美玉、王若蘭；前坐右是會長王化榛先生、左張屏先生。以下照片姓名從略。

在置地酒店內

饗宴前

在會場外佳賓合影

各方領導剪彩

會場內佳賓合影

本會五代表在會場上

上　圖：「回國」還是「出國」？
左下圖：在會場外合影！
右下圖：這也像一家人！

四人去逛賭場，小輸一點銀子！

第一章　澳門的前世（一九七〇年以前）

澳門在我國秦代時，屬於「海南郡・番禺縣」，故澳門立地方之治，已有兩千多年。明嘉靖三十二年（一五五三年），葡萄牙商人通過賄賂官員，取得澳門居住權，主權仍歸中國所有。

葡人入居之初，每年納租金兩千給香山縣衙，至道光二十九年（一八四九年）止。之後葡人拒納租金，並要求永久管理權，清廷又許之，可見此時的滿清政府，已經沒救了。到光緒十三年（一八八七年），清廷和葡人訂通商條約，仍許永久居住及管理權，而以關閘為分界線。計面積有本埠四平方英哩，外有附屬水氹仔，一點五平方英哩，路環（接中山縣）四平方英哩。

葡據澳門數百年來，初期商業繁榮，後因港灣淤塞，大船難以入泊，加以香港通廣州近，優勢被香港所奪。葡殖民當局乃以煙賭為吸引，至近代有「東方蒙地卡羅」之稱，實為「匪、賭、煙毒、娼、黑道」之罪惡淵藪，收回澳門是中國第一目標，才能重建新澳門。

澳門形勢

澳門地勢是袖珍型之半島，風光綺麗，勝於吾國沿海各島，又有綠草如茵，終年常綠之花園。港外島嶼星棋羅佈，東為東澳山，再進為九星洲、九洲洋，又去為伶仃山。澳門以西約五公里為北山，附近有雞籠洲、橫洲、大淋、小淋、大小磨刀、大小托山等山，環峙左右。

澳門正南有氹仔島，右是舵尾，即摩羅埠。路環和橫琴二島順列其外，四山並峙，是商船出入重要孔道。香港來澳門，必須經過這些島嶼。

若在太平盛世，沒有戰亂，澳門是人間樂園。海上佳日，金波粼粼，帆船點點，鷗

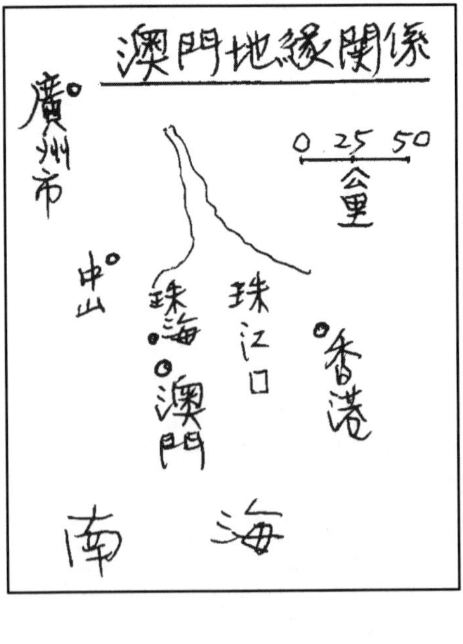

鳥隨船飛舞，如蓬萊勝境，有世外桃源之感。東邊的萊山群島，每到海鮮季節，澳門漁民多麕集其間，天天大豐收，家家笑哈哈。

澳門重要景點

傳統的澳門市區甚小，港口附近旅社到處有，賭場更多，終宵狂囂，為東方不夜城。市區中心有葡人留下的紀念碑，為唯一之葡萄牙色彩，重要名勝頗多。

松山　澳門風景最勝為松山，在半島之東部，古松林蔽天，蒼翠連海，是觀海好去處。山頂有燈塔，始建於清同治三年（一八六四年），為遠東最古老之燈塔，山中築有中式亭臺，有環山公路。沿海邊而下，在一片松海之中，有觀音岩，周邊視線極廣，放眼望去，波濤萬頃，風雲變幻，出奇之美景，終年不盡。山麓處有兵頭花園，美不勝收，也是遊客最愛佇足取景的地方。

西望洋聖母堂　數百年前西望洋山原築有砲台，旁建聖母堂。後砲兵廢棄，聖母堂在一九三五年擴建成今之恢宏殿堂。教堂高聳雲際，前有聖母像石碑，四周花圃，其環欄石欖，典雅有緻。極目望海，空海浩瀚，波濤無垠，近處海濱大道，白牆紅瓦，疏疏落落，為目前甚夯之著名遊覽區之一。

媽祖廟　半島最南之山上，吾國先民福建漢族所建，約在明萬歷年間。石壁間刻有遊人詩文，香火頂盛，廟前有牌坊，橫題「南國波怡」，楹聯曰：「德周化宇，澤潤民生」。廟後有弘仁殿，半山亭，亭旁有大石一方，高數十丈，石壁題有「太乙」二字，側刻「鏡海」二字。又有洋石船，舟桅尾刻「利涉大川」四字。

普濟寺　創建於明天啟七年（一六二七年），為一傳統佛寺，近年在連勝馬路建有竹林寺，伯樂提督街建有藥山禪院。

南環西環　市區最佳風景是南環西環，二者相接，路旁老樹成蔭，海風習習，海景醉人。南環花園在南環北岸，為歐式建築，綠草如茵，美景如畫。每於黃昏或晨間，望南海之平淨無波，是人生難得之清淨。

白鴿巢公園　面積最大，依山築建，曲徑幽通，亭臺錯落其間，是澳門居民最佳遊園之所。此園本是葡人私人宅園，生平熱愛養鴿，逝世後獻為公有，加以整修，因稱白鴿巢公園。此園也是葡國民族詩人賈棉士隱居之所，故又叫賈棉士公園，以其詩集《葡國魂》而著名。其他尚有二龍喉公園、螺旋花園及花士古特來公園等。

氹水島　在澳門市區之南，孤立海中，面積一點五平方公里，惟風景幽美，頗有意境。西北有菩提園，為羅寶山之別業，園口有古洞，園中古樹成蔭，中有「幻身夢宅」、

「無畏莊」和二小佛殿。園主潛修佛事，不問紅塵事，這裡顯得特別清淨，如世外桃園之再外桃園。

澳門自古產蠔，蠔殼內壁亮如鏡，古名「蠔鏡」，後改以較優雅的「濠鏡」。所以，老一輩澳門人也會以濠江、鏡海、海鏡來稱呼澳門。明孝宗安治元年（一四八八年），漁民建「媽閣廟」供奉媽祖，後葡人剛好從媽閣廟上岸，詢問居民此地何處?居民誤以為問廟名，回答「媽閣」，葡人音譯成 Macau，這就是澳門葡文名稱的由來。

第二章　現代澳門特別行政區

一九九九年十二月二十日起，葡萄牙結束對澳門的殖民統治管理，並將主權移交吾國，成為「一國兩制」的典範區。進入廿一世紀，更是快速崛起和竄紅，成為世界最夯的遊樂城，被譽為亞洲拉斯維加斯和東方蒙地卡羅，這和澳門的「身體」，不斷快速「長大」有關。

澳門在一九一〇年的面積約十平方公里，二〇〇六年長到約二十六平方公里，至今（二〇一五年）是三十平方公里。這等於是一百年成長三倍面積，才有現在國際五星級的規模。到二〇一三年底，澳門人口約六十萬人。

現在澳門如圖，總面積約三十點三平方公里，由澳門半島、氹仔、路環島、路氹城所組成，澳門半島約九平方公里多，氹仔不到八平方公里，路環七平方公里多，新興填海而成的路氹城約六平方公里。

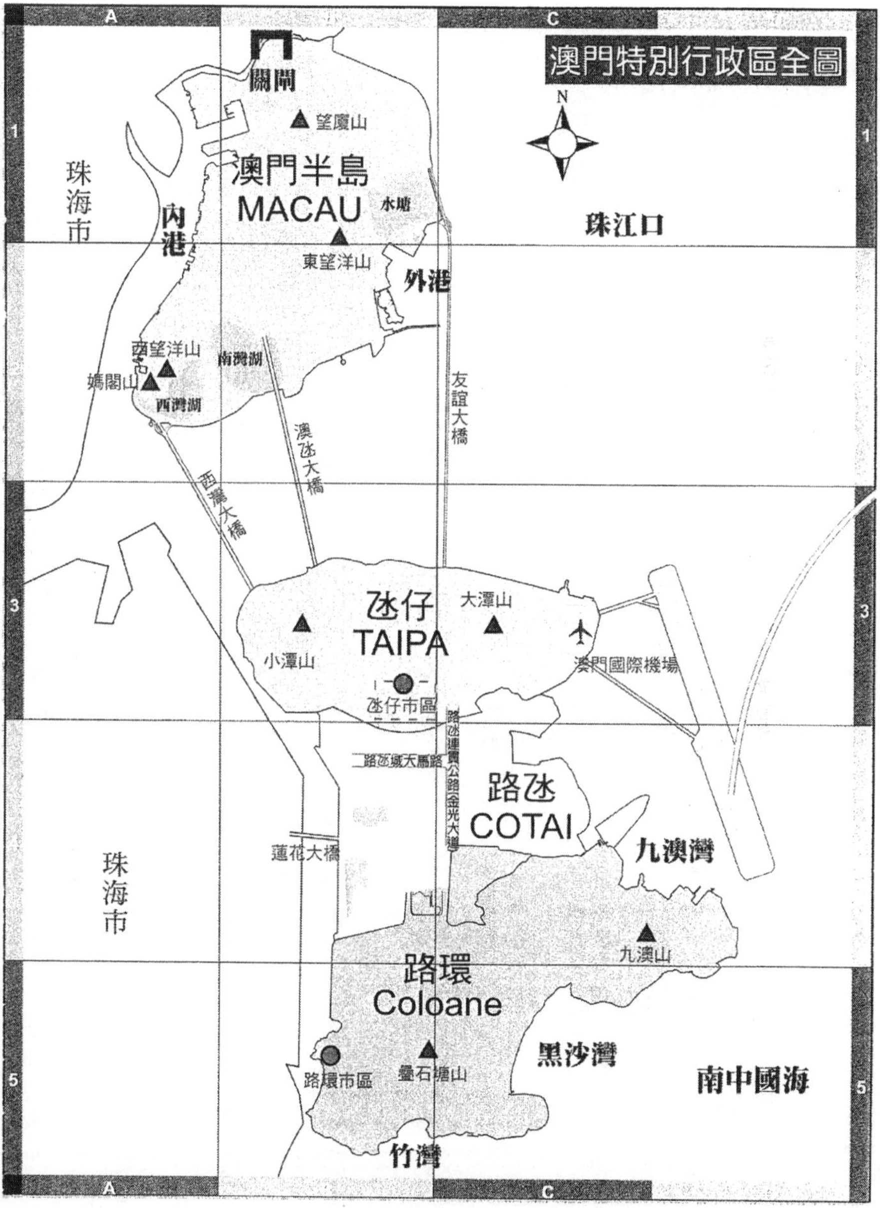
澳門特別行政區全圖
N
關閘
望廈山
澳門半島
MACAU
水塘
珠海市
內港
東望洋山
外港
珠江口
西望洋山
南灣湖
媽閣山
西灣湖
友誼大橋
澳氹大橋
西灣大橋
氹仔
TAIPA
大潭山
小潭山
澳門國際機場
氹仔市區
路氹連貫公路(金光大道)
路氹城大馬路
路氹
COTAI
九澳灣
蓮花大橋
珠海市
九澳山
路環
Coloane
黑沙灣
南中國海
路環市區
疊石塘山
竹灣

最北的澳門半島，本區的參訪焦點是二〇〇五年列入世界遺產的「澳門歷史城區」，由二十二棟建築和八座廣場組成。另一精華區是半島南端的新口岸填海區，商場、飯店、美術館和博物館，為半島大大加分。

氹仔（Taipa），有三座跨海大橋和澳門半島連接，是澳門離島之一，以舊城區最有人氣，中、葡建築交錯，美食餐館林立。

路氹城（Cotai），在氹仔和路環兩離島之間，是最新的填海區，也是國際級娛樂度假城集中地，有名的酒店，國際大秀盡在這裡。

路環島（Coloane），是澳門的綠肺，禁止設立娛樂場，維持原始風貌，堪稱澳門的世外桃源，大熊貓館在此區內，也吸引很多懷舊的旅客。

澳門半島重要景點導遊（如下頁圖）

澳門半島的旅遊焦點是世界遺產，「澳門歷史城區」，葡式教堂、中式經典宅院，見證四百年中西文化交流史，也見證國家衰敗時受制洋人的悲情，以警吾國世世代代子孫。

此區有兩座美麗的人工湖，西灣湖和南灣湖，西灣湖畔有澳門最高的旅遊塔，可以

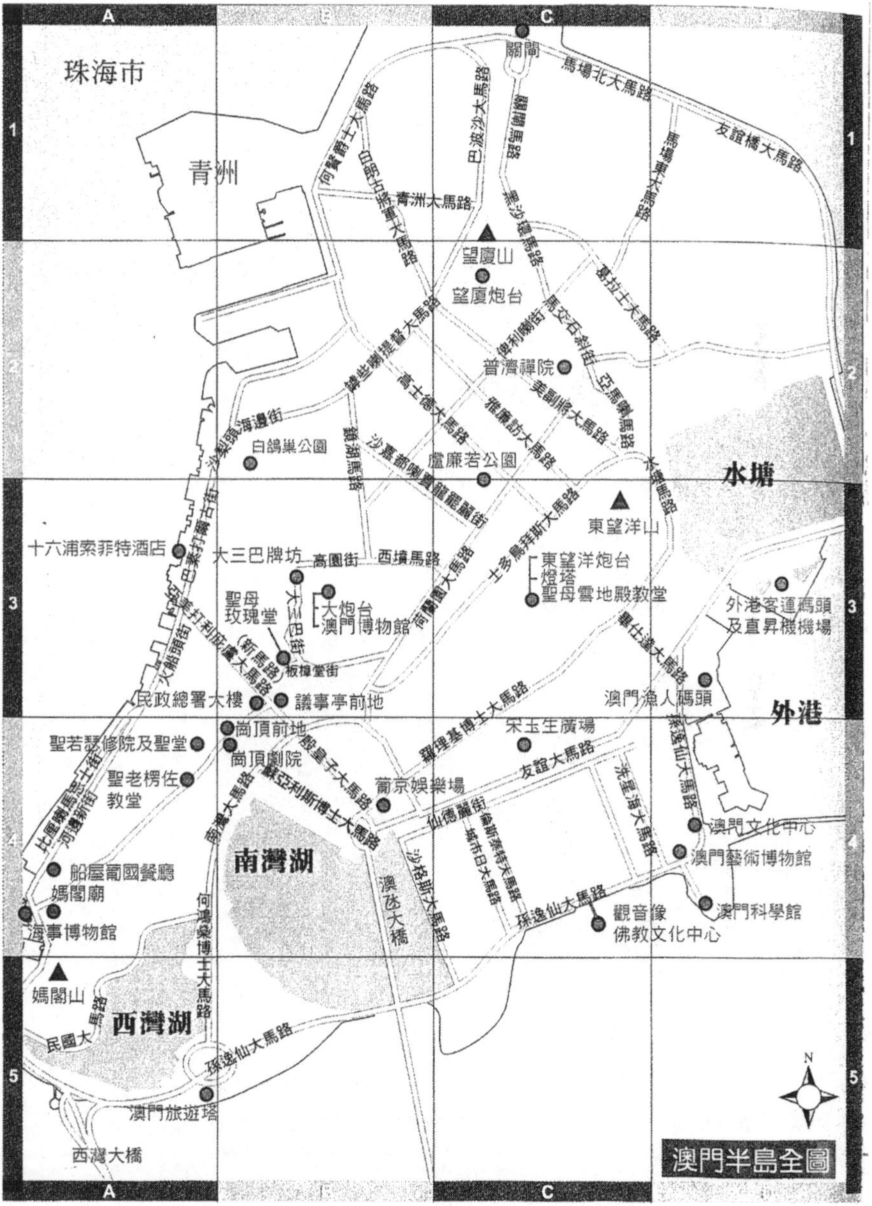
澳門半島全圖
珠海市
青洲
關閘
馬場北大馬路
友誼橋大馬路
馬場東大馬路
關閘馬路
巴波沙大馬路
何賢爵士大馬路
白朗古將軍大馬路
青洲大馬路
黑沙環馬路
望廈山
望廈炮台
罅些喇提督大馬路
俾利喇街
馬交石斜街
高士德大馬路
普濟禪院
美副將大馬路
亞馬喇馬路
雅廉訪大馬路
沙梨頭海邊街
白鴿巢公園
鏡湖馬路
沙嘉都喇賈罷麗街
盧廉若公園
水塘
水塘馬路
東望洋山
士多鳥拜斯大馬路
十六浦索菲特酒店
巴素打爾古街
大三巴牌坊
高園街
西墳馬路
荷蘭園大馬路
東望洋炮台
燈塔
聖母雪地殿教堂
聖母玫瑰堂
大三巴街
大炮台
澳門博物館
外港客運碼頭及直昇機機場
亞美打利庇盧大馬路
(新馬路)
板樟堂街
火船頭街
民政總署大樓
議事亭前地
畢仕達大馬路
澳門漁人碼頭
外港
羅理基博士大馬路
宋玉生廣場
友誼大馬路
冼星海大馬路
孫逸仙大馬路
聖若瑟修院及聖堂
崗頂前地
崗頂劇院
殷皇子大馬路
聖老楞佐教堂
蘇亞利斯博士大馬路
葡京娛樂場
比厘喇馬忌士街
河邊新街
南灣大馬路
仙德麗街
倫斯泰特大馬路
城市日大馬路
沙格斯大馬路
澳氹大橋
南灣湖
澳門文化中心
澳門藝術博物館
澳門科學館
觀音像
佛教文化中心
船屋葡國餐廳
媽閣廟
海事博物館
何鴻燊博士大馬路
媽閣山
民國大馬路
西灣湖
孫逸仙大馬路
澳門旅遊塔
西灣大橋
N
A
C
1
2
3
4
5

體驗南歐懷舊氣息。

本區著名的媽閣廟，位於西海岸，背山面海，古木參天。進入牌坊，循石階而上，由石窟鑿成的弘仁殿，正中央供奉天后，殿內雕刻色彩鮮艷的海魔神將，是媽閣廟最古老的建築。

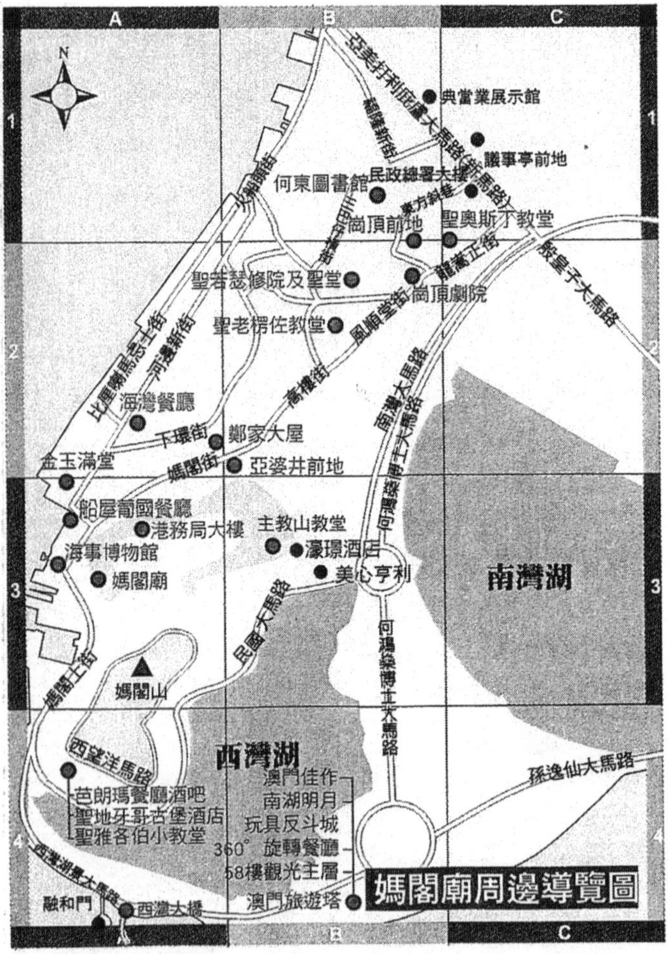

澳門半島議事亭前地周邊導遊（如圖）

本區是聯合國世界遺產，「澳門歷史城區」經典建築，最密集的地方，許多節日慶典活動也都在此舉行。

本區是澳門心臟位置，由此通往各重要景點，百年餅舖、服飾店、商旅中心，享用不完的視覺和味覺大餐。

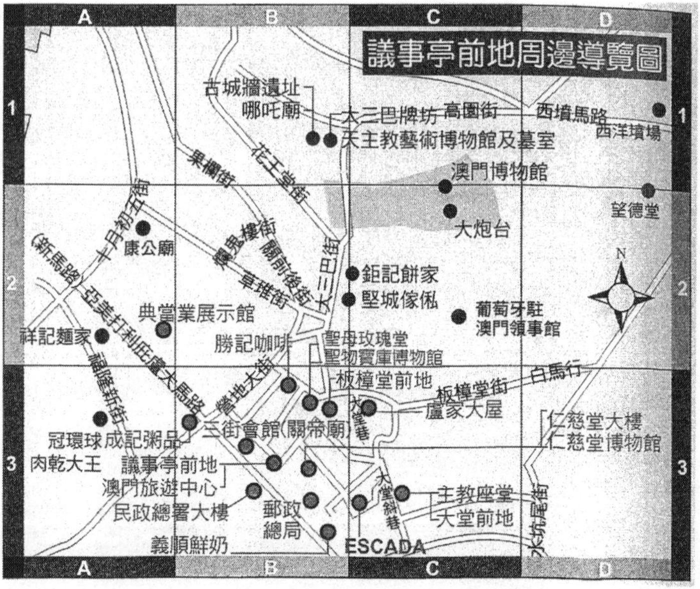

澳門半島大三巴牌坊周邊導遊（如圖）

大三巴牌坊在本區正中央，它是聖保祿教堂前壁遺址，教堂初建於明萬歷八年（一五八〇年）。西半側景點最多，如麥可傑克森紀念館、酒店、娛樂場、南屏雅敘等。

大砲台、博物館在東側，白鴿巢公園、基督教墳場偏北，建於一八八八年的哪吒廟和牌坊相鄰。或穿街走巷，亦自然感受到東西方文化薈萃之美，讓人回憶無窮。

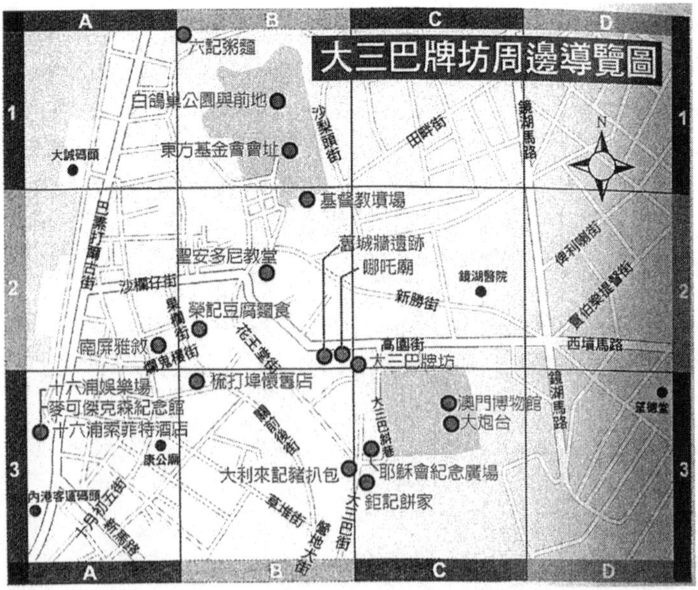

澳門半島新口岸填海區周邊導遊（如圖）

從一九三〇年代開始，澳門展開「與海爭地」計畫。現在半島南端新口岸區，就是填海造地的新家園，街道整齊，寬敞而美麗，近十多年新建文化中心、漁人碼頭、五星酒店，成為新興休閒觀光焦點。

西側可通往南灣湖、西灣湖、旅遊塔；東北通往外港客運碼頭，這裡每年十一月封路，舉行格蘭披治大賽車的賽道區。

本區的帝雅廷、永利名店街、壹號廣場、陶香居，以及科學館、博物館、餐廳、名店也都深俱特色，

難怪來這裡的遊客都說還要再來。

澳門半島東望洋山周邊導遊（如圖）

本區山下的盧廉若公園，小橋流水，亭台樓閣。東望洋山上有砲台、燈塔、聖母雪地殿，澳門常大古教堂之一的望德聖母堂、仁慈堂婆仔屋文化創意園區，是老建築再利用的成功案例。

此區北邊的「國父紀念館」，是孫中山先生於一九一八年為家人興建的公寓。真到一九五八年，才成為國父紀念館。

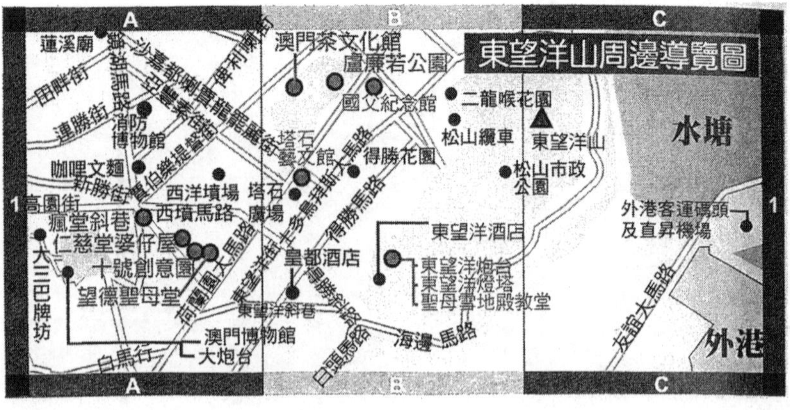

澳門半島望廈山周邊導遊（如圖）

半島各區大多中葡文化交錯之景像，唯本區中國風味最為濃郁，廟宇景觀豐富，有悠久歷史的蓮峰廟、觀音古廟、普濟禪院，都散發吾國先民篳路藍縷的開拓歲月和不朽精神。

望廈砲台、旅遊學院、水佬榮飯店、龍華茶樓、三盞燈、新益美食館、青洲灶記矮凳仔，都有濃濃的傳統文化風味，吸引一批批遊人來賞食。

氹仔島主要景點導遊（如圖）

氹仔，北和半島隔海相望，以三座大橋相連接。和南邊的填海區緊密相連，本區也是澳門政府努力保存氹仔的原始特色，視覺、內涵，都和路氹城截然不同。每逢假日，有特色市集、紀念品攤位、藝術表演，都吸引遊人目光。

本區主要景點有嘉模公園、路氹歷史館、龍環葡韻住宅式博物館、官也

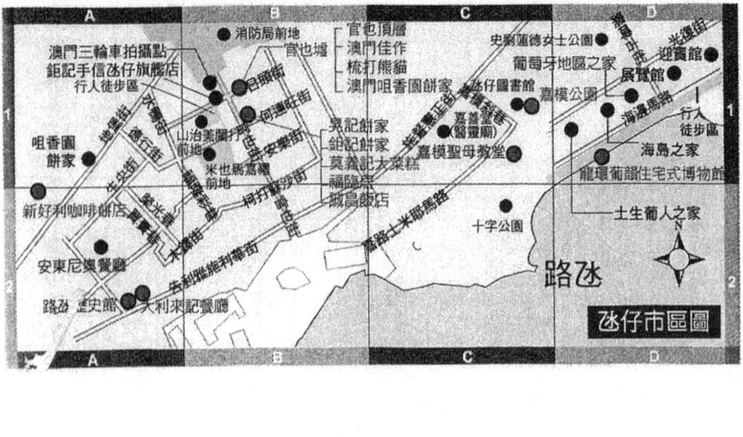

墟。其他如各種餐飲、餅店、甜點、葡式餐廳，有不少是揚名國際的水平。

路氹城主要景點導遊（如圖）

路氹城，和氹仔島南端舊城區相連接，近年在國際上夯紅了，成為各大娛樂度假集團的「戰略要地」，兵家必爭的「爭地」。主力集團是金沙，二〇〇七年率先在金光大道推「威尼斯人度假村酒店」；澳門賭王何鴻燊的兒子何猷龍，二〇〇九年打造新濠天地娛樂城，並在二〇一〇年推出最夯的「水舞間」表演。

二〇一一年，澳門銀河綜合度假城啟用，為澳門新增三家星級酒店。二〇一二年金沙城中心開幕，讓金光大道成為海外旅客必到景點。

這區的金沙城、威尼斯人、新濠天地、銀河，是四座大型綜合樂度假城。其中酒店、米

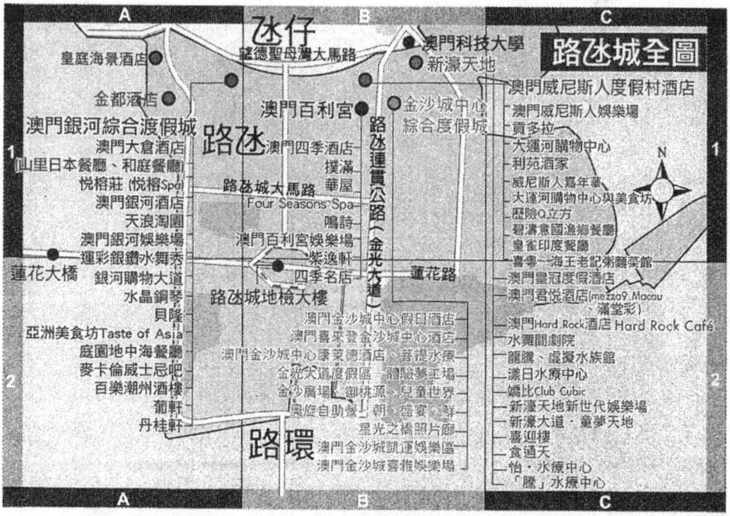

其林餐廳、平價美食、購物中心、展覽場、演唱場、娛樂節目，都是國際級的。

路環島主要景點導遊（如圖）

路環島，是澳門唯一限制開發，禁設娛樂場所的地區，維持其原有山林、沙灘、漁村風情，成為澳門最迷人的天然世外桃源，吸引追尋寧靜美感的遊人。

近年，因路氹城串連氹仔和本區，讓更多人看見路環的美，漫步沙灘、高球揮桿或看大熊貓，都是繁忙的人生戰場中，一種清淨的享受。

路環市區在島的西南海岸，教堂、古廟、餐廳、賣場集中於此。屬於葡式風格的是聖方濟各教堂和里斯

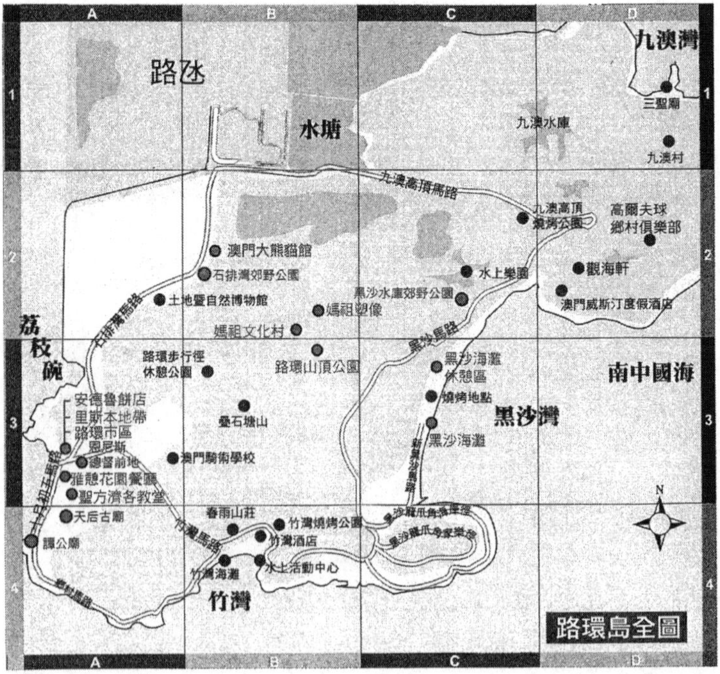

本地帶餐廳，中式文化有媽祖文化村、路環山頂公園媽祖聖像、大熊貓館等。

另外，黑沙龍爪角、黑沙水庫公園，是刻意保留的綠地和生態，遊客可觀賞山脈和海洋之美。黑沙沙灘是澳門八名景之一，公園內有野餐區、射箭、划船、烤肉等設施，適合親子的郊外活動。

澳門成功的融合中西文化，成功的保存傳統和現代發展，二者間找到平衡點，故能快速崛起，夯紅於國際，成為國際上五星級的觀光娛樂城。追其終極原因，是「一國兩制」推行的成功，成為一種典範，這才是台灣未來可以走的路，也是唯一的路。

我相信，台灣如果能接受「一國兩制」，十餘年內必能超越港澳，成為國際上又夯又紅的娛樂、度假、觀光旅遊勝地，就要看「台灣人」的EQ「剩下」多少了！

若非要繼續內鬥、內亂、搞民主、搞台獨，那就是台灣人按下了「自我毀滅鍵」，毀了台灣的「人」。當這裡的「人」不再美麗，景物也美不起來，國際觀光客有誰會來？人家是要來賞美景，不是來看醜惡的！不是嗎？觀光和政治是一體兩面的，一美皆美，一醜皆醜！

第三章 參加 2015 世界洪門歷史文化協會成立

——中國澳門洪門論壇記實隨筆

極少出遠門的我，意外的隨全統會參加這次洪門在澳門舉辦的活動，來去三天。二○一五年十月廿八、廿九、三十日，扣除頭尾等機乘機時間，正式參加活動時間不多。不過，我們懂得把握「零碎時間」，製造一些快樂。

參加此行的領導是中國全民民主統一會會長王化榛先生，其他成員女生有：王若蘭、吳淑媛、吳珠延、陳美玉；男生還有：張屏、趙良林和筆者，共八人，四男四女，快樂澳門行。

關於洪門從明末以來四百年的輝煌史，及現在洪門在兩岸各地和世界各地發展現況，詳見我所著《洪門、青幫與哥老會研究》一書，台北文史哲出版社出版，二○一四年十一月出版，本文不再贅述。

第一天，十月二十八日，星期三，好天氣

儘管有人老早告訴我，到中正機場在台北車站如何坐車，但好幾年才出一趟遠門，我還是喜歡坐「太可惜」，即當大爺又有專屬司機到家門口接。我一大早四點多起床，六點「大都會」的車就來了，任何活動我習慣提早出發，這是我從年輕時代就養成的好習慣，並非我是軍人，很多軍人退休的朋友也毫無時間觀念，我主要是受一部倭國小說的影響。

年輕時代我看《宮本武藏》這部小說，看到下集《嚴流島後的宮本武藏》，他和佐佐木小次郎決戰的全部過程。宮本武藏的每一次決鬥，都比對手更早到達要決鬥的戰場，深入了解地形地物光線等，因而每戰皆勝。我深感「先期到達」的重要，從此以後，這一輩子所有的約會，不論與誰有約！參加任何活動，我就從來沒有遲到過。除非，我故意要遲到，有一種人，凡有約必遲到，這時就不必守時了！

這部車開的超快，很早路上車少，從羅斯福路五段飆到機場第一航廈，才四十分鐘。我六點四十多就在航廈內散步，我早知會有很多時間在「空等」中浪費掉，我會把握這些零碎時間，看自己備好的東西。

世界洪門歷史文協新閣就職

嘉賓與相關負責人主持"老將軍書畫藝術作品展"開幕式

世界洪門歷史文化協會負責人與嘉賓祝酒

【本報消息】世界洪門歷史文化協會昨假漁人碼頭會展中心宴會廳舉行首屆理監事就職禮，兩岸及海內外學界人士、全球洪門代表出席，筵開逾二百席，場面熱鬧。世界洪門歷史文化協會負責人表示，今後將履行創會宗旨，團結社會民眾，促進國家和平統一，在「一帶一路」建設中獻力。

獻力祖國和平統一

司徒玉蓮

就職禮昨晚七時半舉行。世界洪門歷史文化協會創會會長司徒玉蓮、吳利勳先後致詞。指出「一帶一路」偉大戰略構思，是中華民族幾千年文化在經濟領域的深化，其精髓就是「和」，即在平等、和平、交流、理解、包容、合作、共贏的理念認同框架下的經濟合作，是實現中華民族偉大復興的「中國夢」，與各國人民追求美好生活願望結合在一起的創舉。

吳利勳引述國家主席習近平的講話：「在世界各地有幾千萬海外僑胞，大家都是中華大家庭的成員。長期以來，一代又一代海外僑胞，秉承中華民族優秀傳統，不忘祖國，不忘祖籍，不忘身上流淌的中華民族血液，熱情支援中國革命、建設、改革事業，為中華民族發展壯大、促進祖國和平統一大業、增進中國人民同各國人民的友好合作作出了重要貢獻。」他承諾，世界洪門歷史文化協會將團結民眾，促進國家和平統一，在「一帶一路」建設中獻力。

老將軍書畫展開幕

晚會安排中樂、變臉及武術表演助興，場面熱鬧。

主辦方昨日並舉行題為「承傳與發展」的「世界洪門歷史文化對話會」，以及「紀念抗日戰爭暨世界反法西斯戰爭勝利七十周年——老將軍書畫藝術作品展」。世界華人聯合會辦公廳副主任楊建利、文化交流中心副主任王抱一、主席助理葉實斯、廣東省僑聯主席李瑜，美國世界華人協會主席胡志榮，世界洪門歷史文化協會籌委會主席尹國駒，中國旅遊電視委員會常務副會長羅德文，世界洪門歷史文化協會理事長朱顯龍等出席。

約七點多，碰到第一個人趙良林，不到八點人都到齊，通關手續一關關過，很多時間在等候中過，大家聊聊八卦、講笑話、唱歌，時間很快過，也覺得充實了。

九點廿五分澳航起飛。

十一點十分到達澳門機場。

我事先做了功課（寫了前兩篇澳門文章），所以我大致知道澳門的歷史、文化、商業、現在重大建設、四周環境等。當我到機場上空所見，乘車前往酒店，沿途所見海景、建物，都似曾相見，雖才第一次來澳門。

約二點，我們入住澳門置地廣場酒店（澳門新口岸友誼大馬路五五五號），我和趙良林先生同房。下午時間不知要幹啥！在房間聊天、看電視，有的去逛街，晚晏在漁人碼頭酒店，大家痛快的吃一頓。

第二天，十月二十九日，星期四，天氣好

今天上午活動分兩階段，前半是洪門協會成立大會，後半是抗戰七十週年老將軍畫展。上午九時三十分大會開始，過程大約如下。

㈠主持人略說洪門歷史、背景、交流密語等，大致和我的著作所述一樣。（趣者自行參閱我前述著作）

㈡有個人發言，「把日本變成中國的一個省區」，這個問題我早有論述。請詳參吾所著《日本問題的終極處理》一書，台北文史哲出版社出版，二〇一三年七段。該書主

張在廿一世紀前期內，中國人把握戰機，以五顆核武，一次終極解決日本問題，收該列島為「中國扶桑省」，從此亞洲永久和平，這是廿一世紀中國人的天命。

㈢一個聲稱是「致公忠義黨主席」，說一口台灣國語。他報告說：台灣很多人問加入洪門有何好處？他都回答說：「人生在世，要有理想、有目標，對國家、民族、社會有貢獻，加入洪門可以有很多貢獻機會。」

㈣台灣新住民黨主席。（一個年輕的男生，大陸來台的新一代代表），他報告新住民在台狀況。

㈤台灣第七大黨（新黨不算是第六）主席，他們認為蔡英文可能當選，正在計劃使際成「虛位」，如何操作？並未說明詳細計劃。

㈥中華實踐會總幹事，洪門講忠孝節義，對於現代社會傳統文化的流失，有保留作用。

㈦北京一學者：中國正在邁向壯大、統一之路，洪門傳承孫中山精神，對中國統一要做出貢獻。

㈧人民最大黨主席許榮淑：從「一帶一路」總體經濟看台灣問題，把台灣納入中國經濟體系，台灣無從脫離，問題自然解決。

㈨唐一段（外號唐三藏，大陸台商）：歡迎洪門兄弟從經濟上做出貢獻。

㈩中國工農論壇總編輯：四海都有中國人，洪門利用許多活動把中國人團結起來，推動中國統一，是洪門也是所有中國人，最神聖重要的使命。

約上午十一點，進行「紀念抗戰勝利七十週年老將軍書畫藝術展」，致詞和剪彩的都是兩岸的「A咖」。書畫作品我特地全照相保存下來，詳見本書附件一。

下午自由活動，我和吳醫師、若蘭、珠延四人逛街，滿街都是錶店和燕窩店，我很不解，這些東西要賣給誰？手錶都是幾十萬、百萬以上，而燕窩也大多假的！

我們四人逛到一家賭場，我們都不懂，大家決議試試，結果每人都輸了約百元人民幣。輸了錢，才代表我們來過澳門賭場。

晚晏非常盛大，約有近千人的空前大場面，很多A咖致詞，大約晚上八時才餐會開始，有一隻二百公尺長，由一〇八人舞動的龍，把晚宴氣氛夯到最高點。

這兩天有個多次致詞的「司徒玉蓮」，她定是超級A咖，我對她有些好奇。原因是她讓我想起「司徒美堂」這個人，他們之間定有關係，在中國財富和權力（利），都會傳承給下一代。

司徒美堂，本是美洲華僑，為早期「中國洪門民治黨」主席，我判斷司徒玉蓮應是司徒美堂的後人。本書將〈中國洪門民治黨的興衰〉一文，置本書附件三，亦補助部分洪門史，滿足本書讀者小小求知欲。

第三天，十月三十日，星期五，天氣好

第三天是鬼混時間，大家相約晚些吃早餐，吃到快十點，再去會長房間閒聊喝啤酒，中午十二時退房，行李集中放大廳，八人就到六樓休息室聊天、唱歌、講笑話。一位叫「娜娜」的小姐是這幾天的連絡人，有事都請她安排。下午兩點我們就到機場報到，等了兩個多小時才開始通關手續，原先五時二十分飛機延到六時起飛。

幸好飛機上坐位，我右是吳珠延，左是吳醫師，一路聊天，聊到大家的「秘密」，說好不可外傳，絕對保密。晚上八時到中正機場，乘國光號回台北，到家也快十點了，結束澳門三天快樂行。

很欣慰的，吳醫師說：「這三天我們跟你在一起，很好很快樂，你能帶給大家快樂。」我也要說。「會長這一大把年紀了，仍奔走於兩岸，為吾國之統一大業盡心盡力，非常感動，而全統會這些年很多人跟著他兩岸各地快樂行，感謝他帶給大家快樂。再者，他有孝順的女兒跟隨左右，方便協助照顧，也讓吾等好生羨慕，真乃上乘之福氣！不知吾等老了……」

附件一 紀念抗戰勝利70週年老將軍書畫展

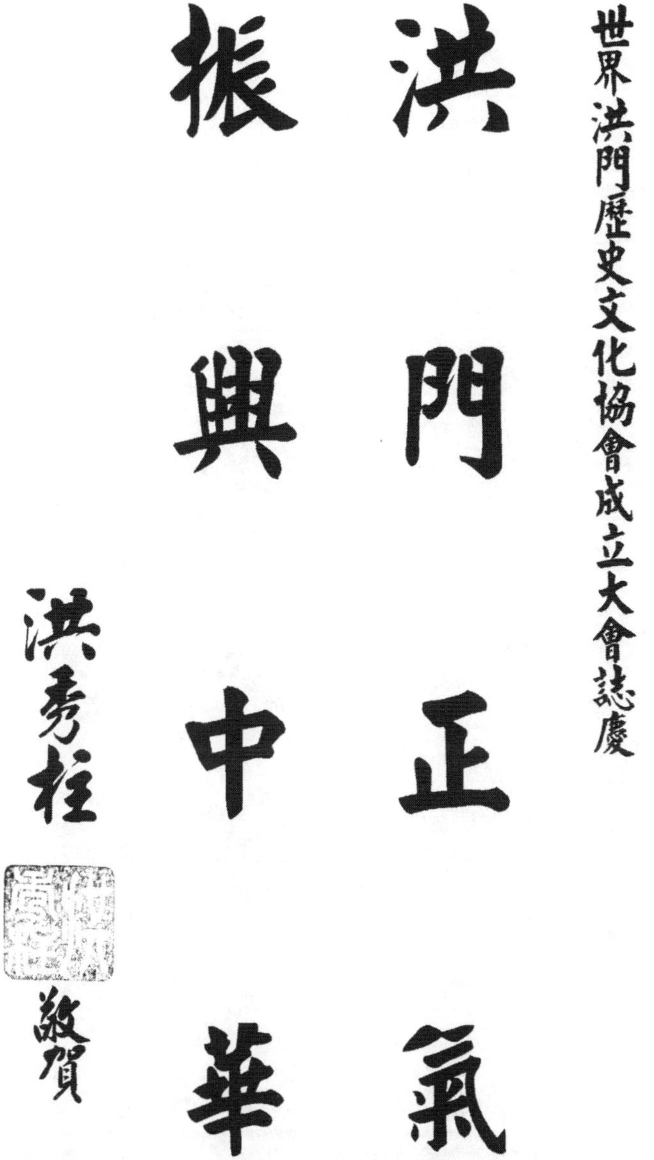
世界洪門歷史文化協會成立大會誌慶
洪門正氣
振興中華
洪秀柱
敬賀

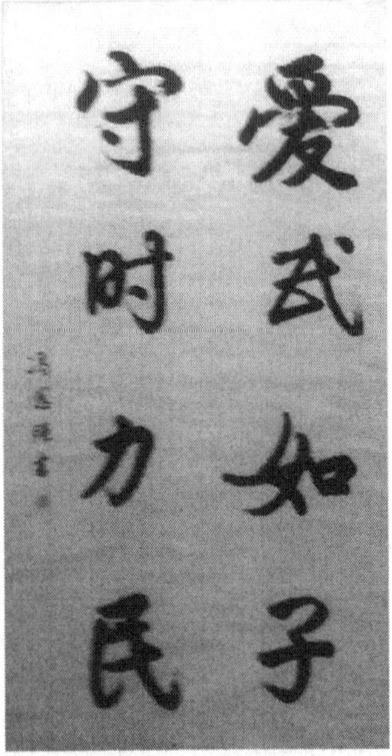

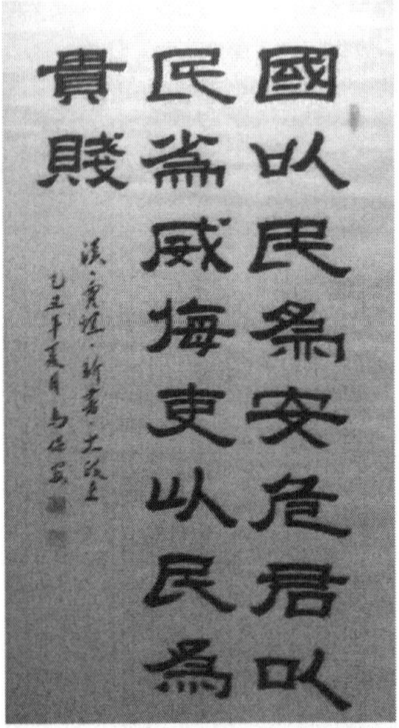
國以民為安危君以
民為威侮吏以民為
貴賤

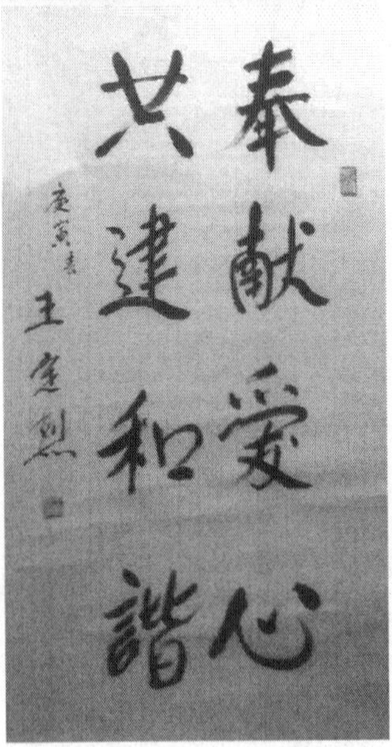
奉獻愛心
共建和諧

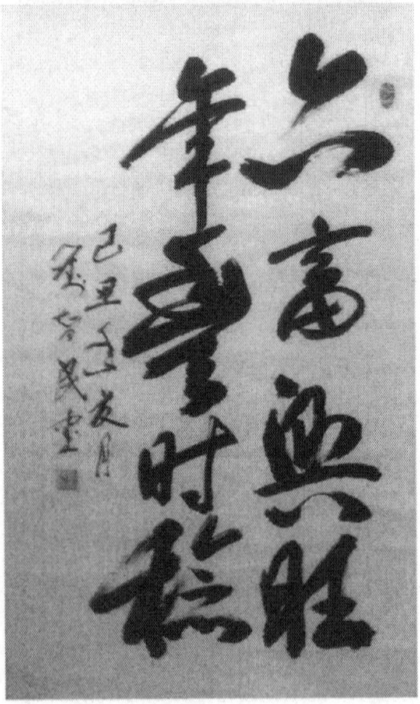

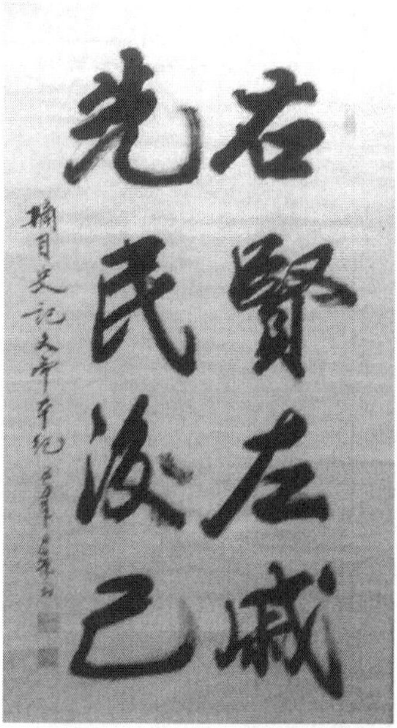
右賢左戚
先民後己

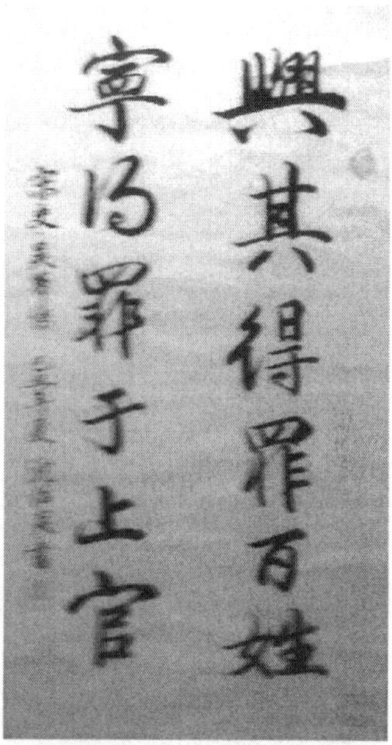
與其得罪百姓
寧可罪于上官

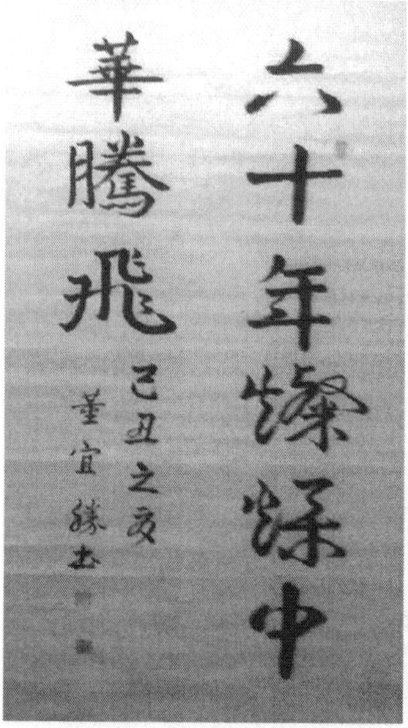
六十年燦爛中
華騰飛
己丑之夜

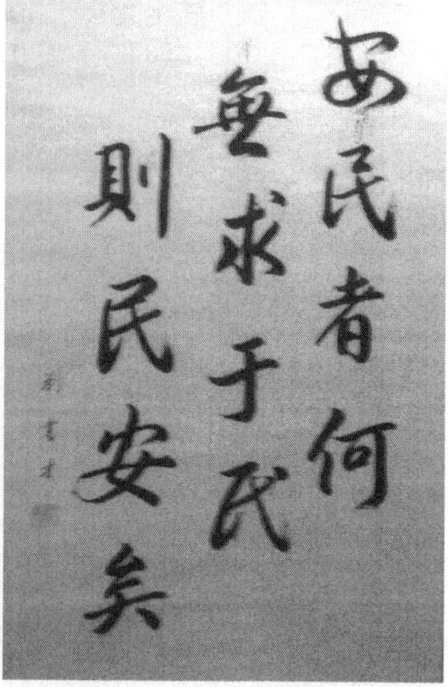
安民者何
無求于民
則民安矣

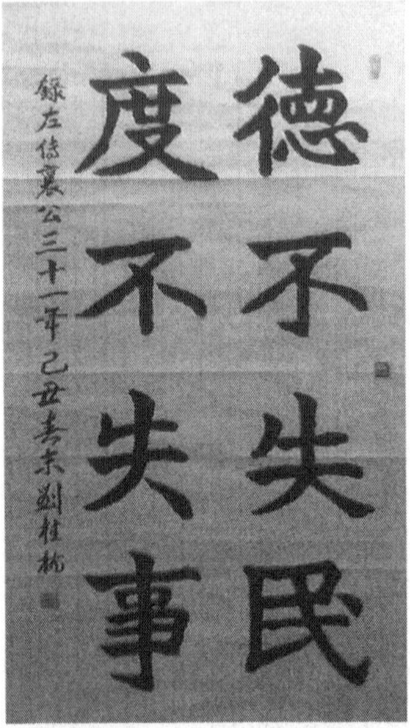
德不失民
度不失事

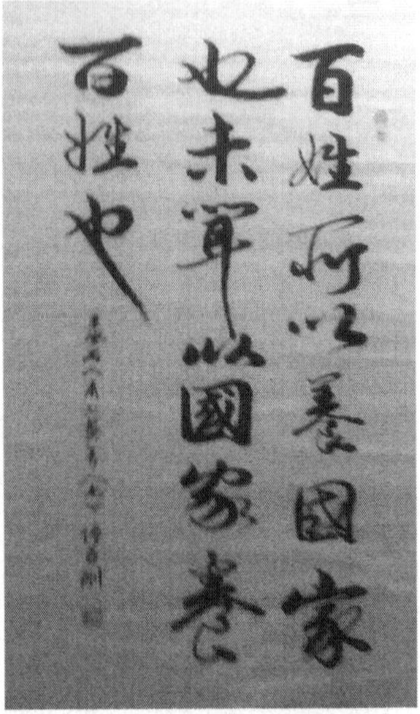
百姓所以養國家
也未聞以國家養
百姓也

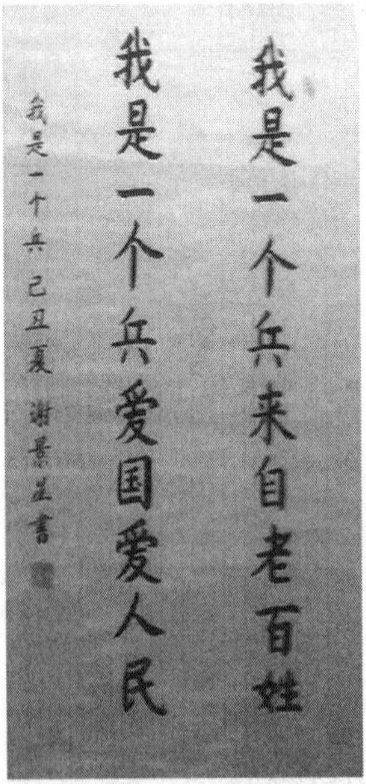
我是一个兵来自老百姓
我是一个兵爱国爱人民
我是一个兵 己丑夏 谢景星书

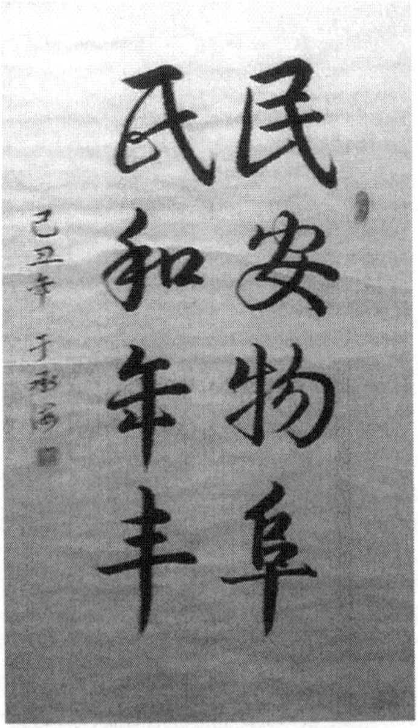
民安物阜
民和年丰
己丑年

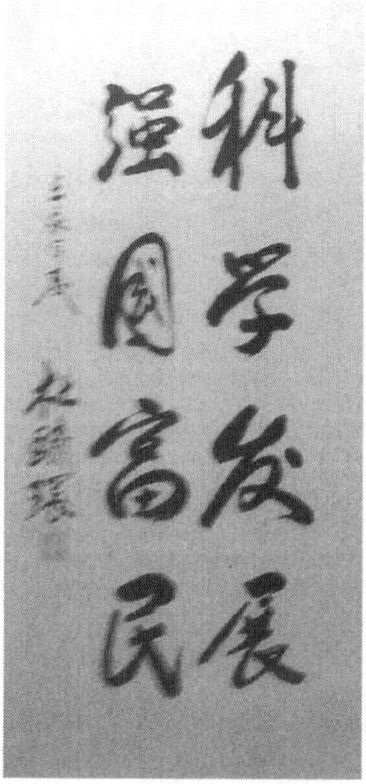
科学发展
强国富民

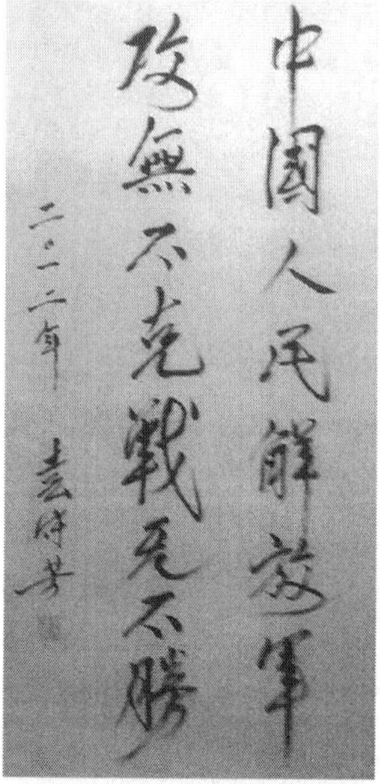
中国人民解放军
攻無不克戰無不勝
二〇一二年

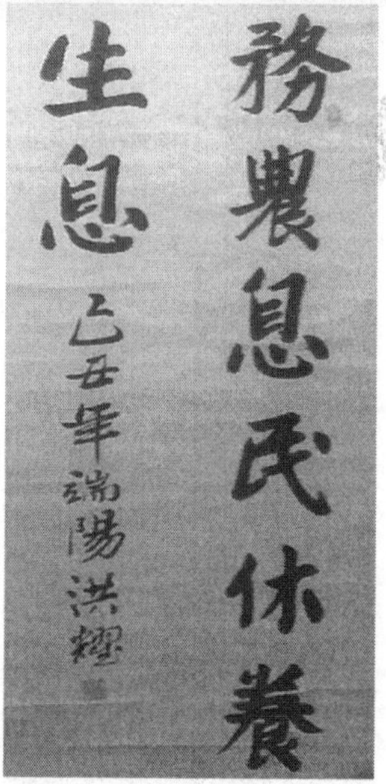
務農息民休養
生息
乙丑年端陽

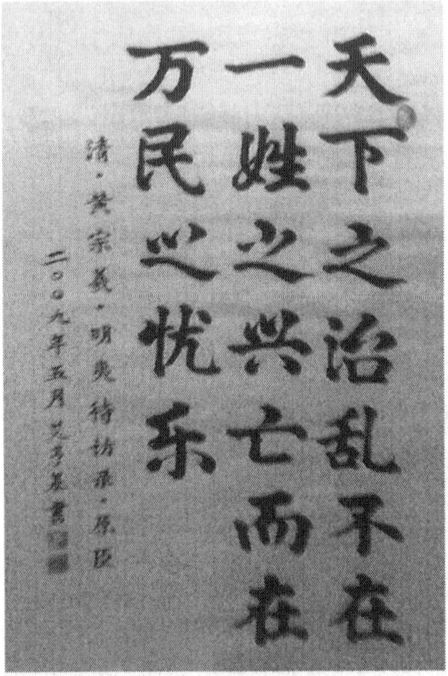
天下之治乱不在
一姓之兴亡而在
万民之忧乐
清・黄宗羲・明夷待訪錄・原臣

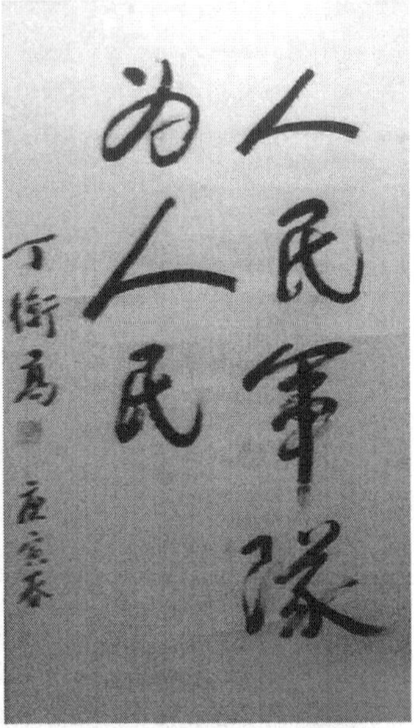
人民軍隊
為人民

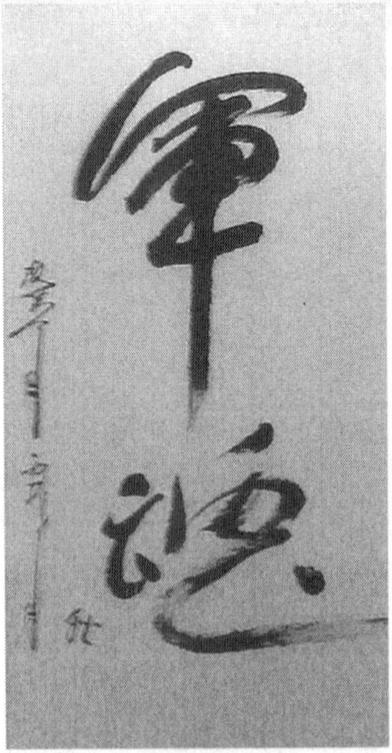
軍魂

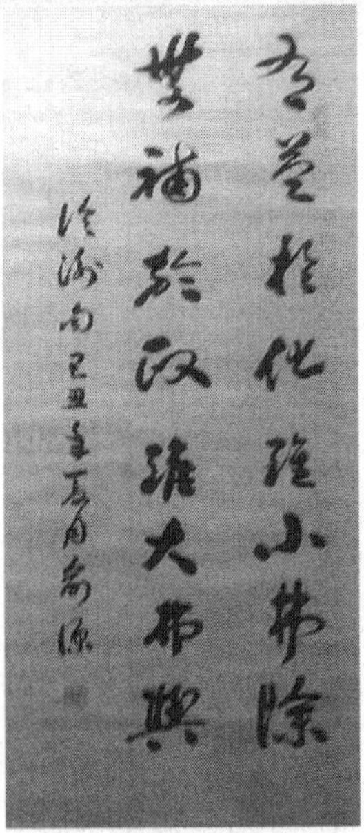

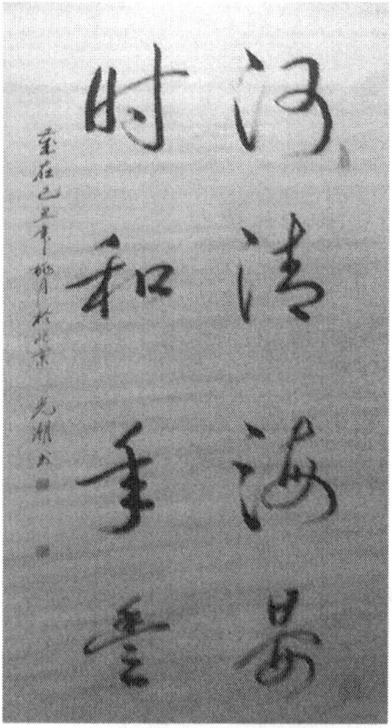

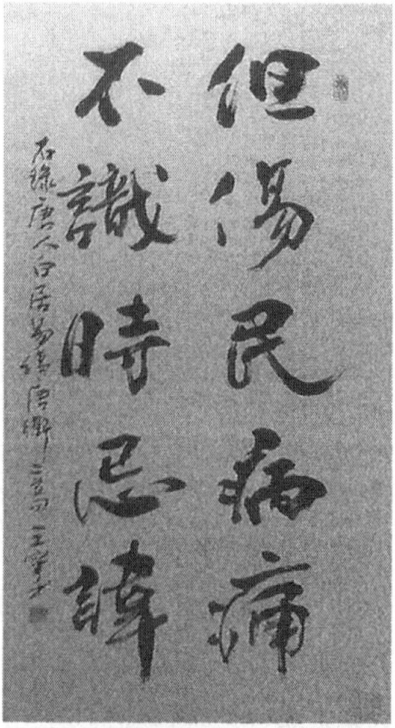

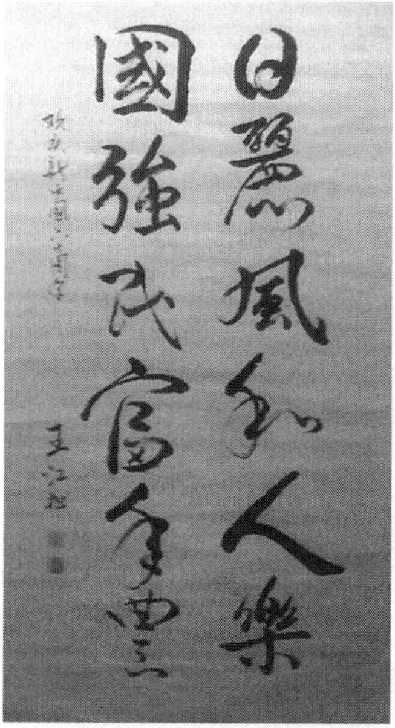

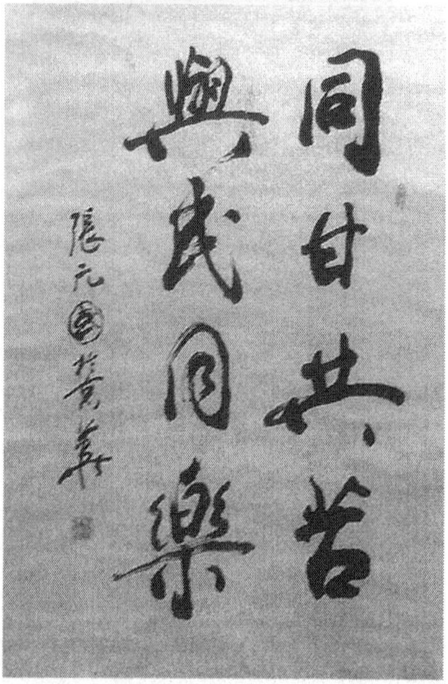

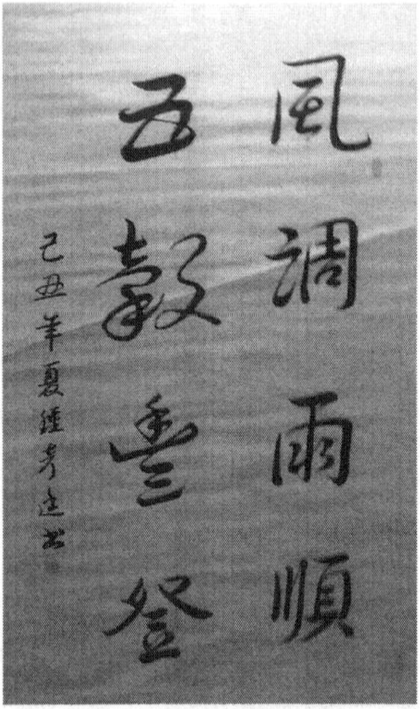
風調雨順
五穀豐登

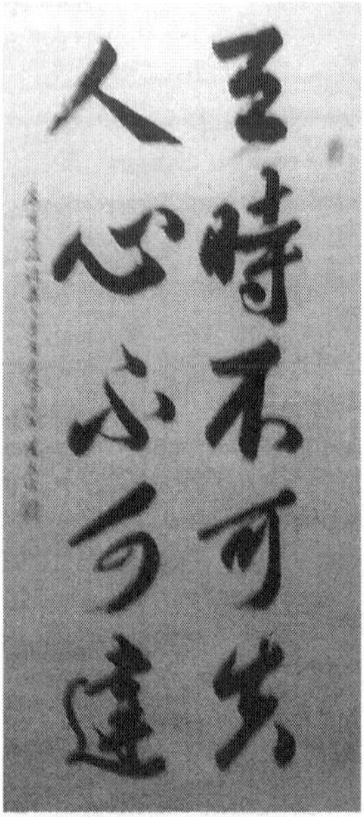
天時不可失
人心不可違

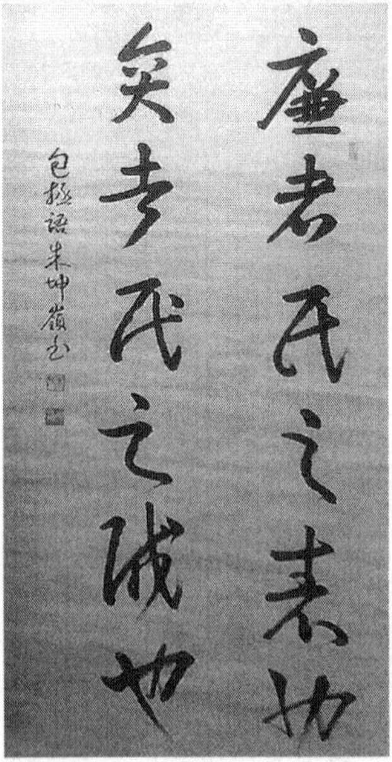
廉者民之表也
貪者民之賊也

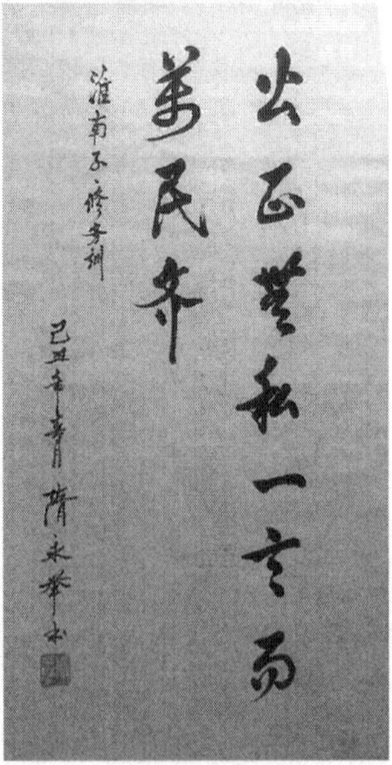
公正無私一言而
萬民齊

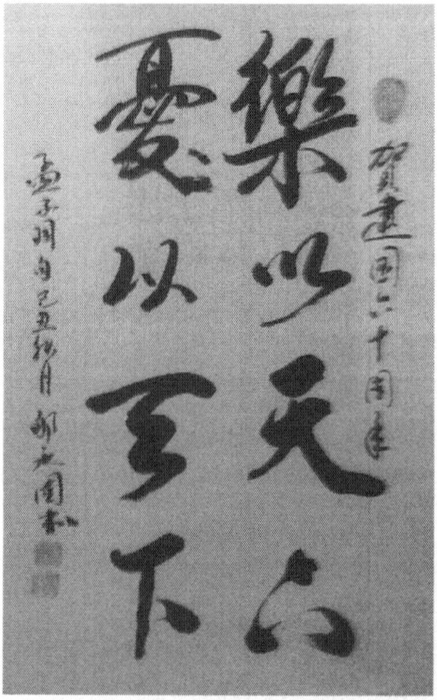

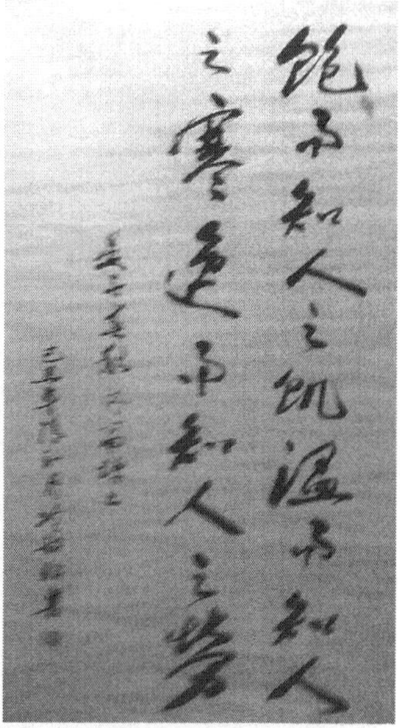

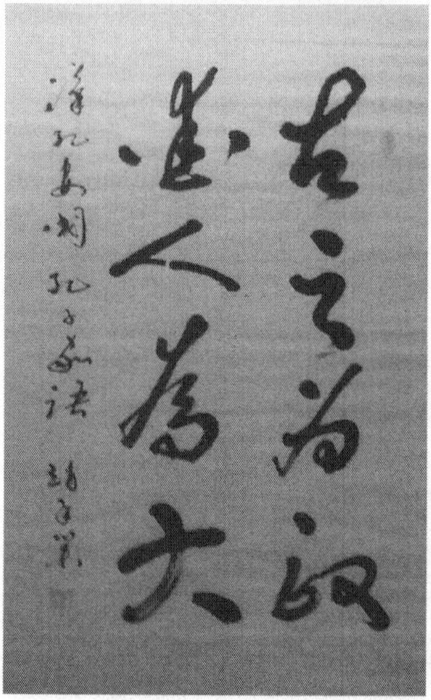

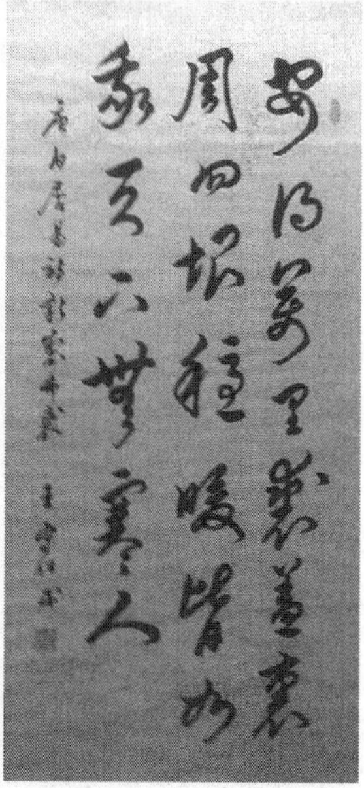

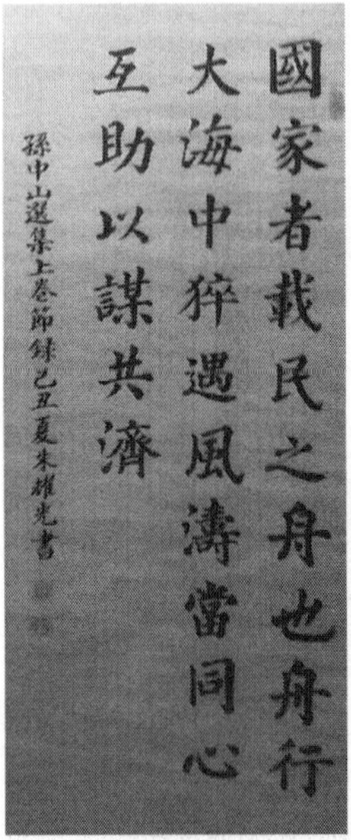
國家者載民之舟也舟行
大海中猝遇風濤當同心
互助以謀共濟

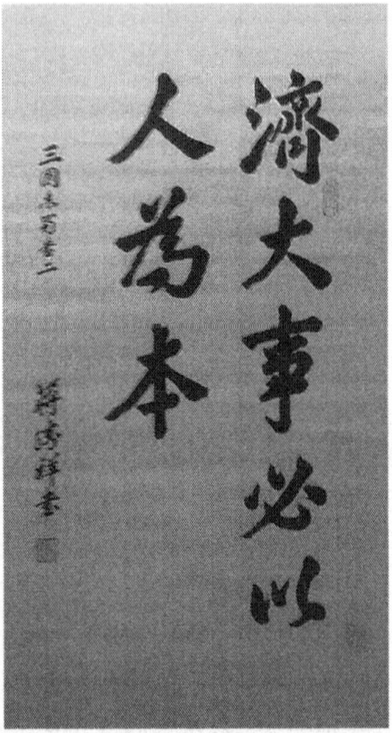
濟大事必以
人為本

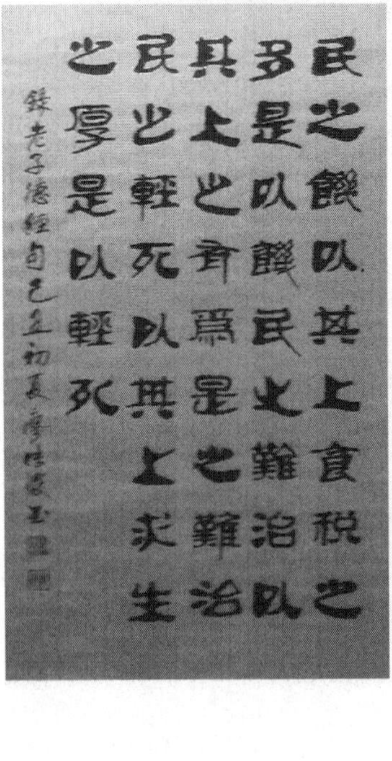
民之饑以其上食稅之
多是以饑民之難治以
其上之有爲是之難治
民之輕死以其上求生
之厚是以輕死

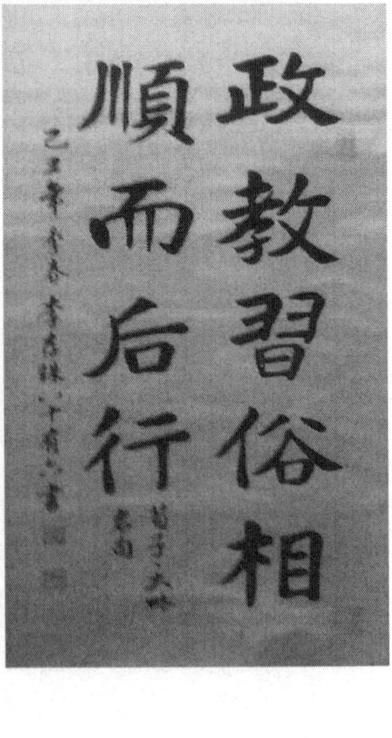
政教習俗相
順而后行

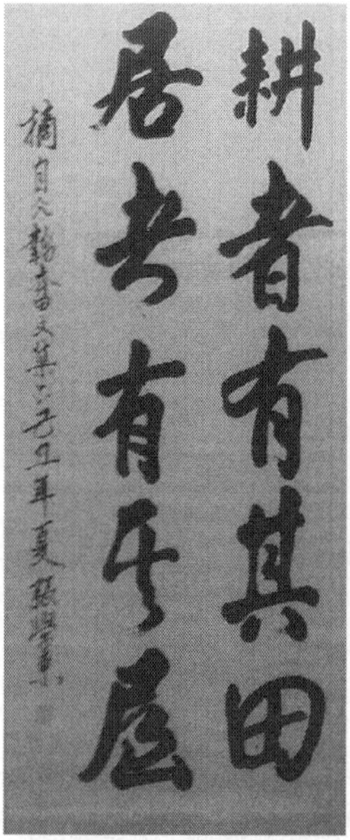
耕者有其田
居者有其屋

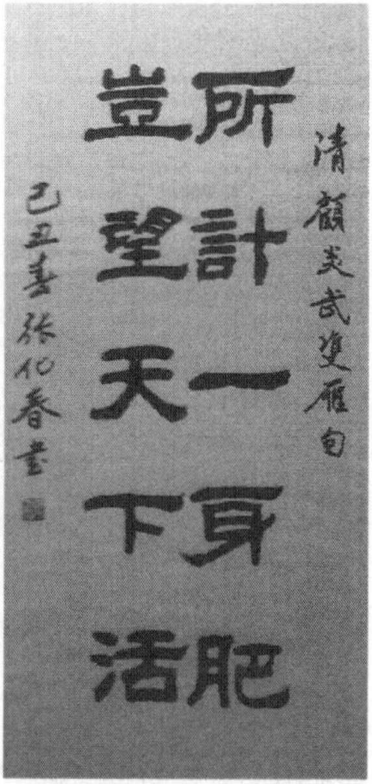
所計一身肥
豈望天下活

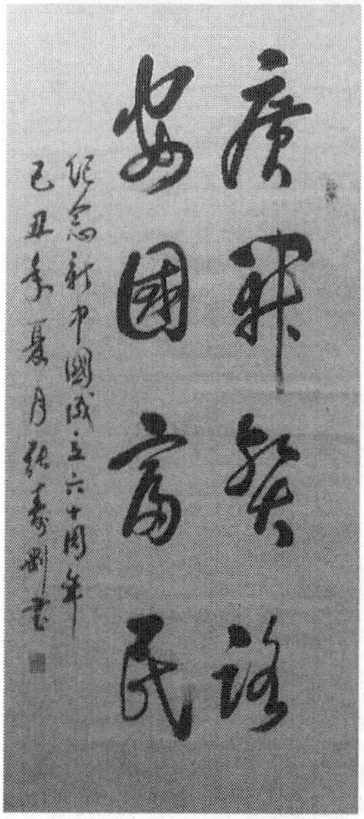
廣聚賢能
安國富民

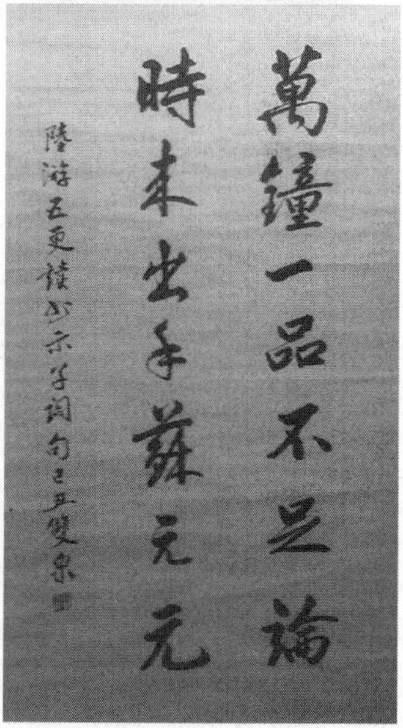
萬鍾一品不足論
時來出手蘇元元

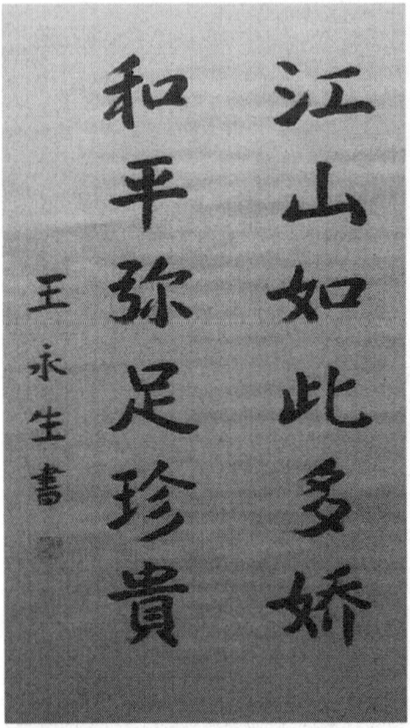
江山如此多娇
和平弥足珍貴
王永生書

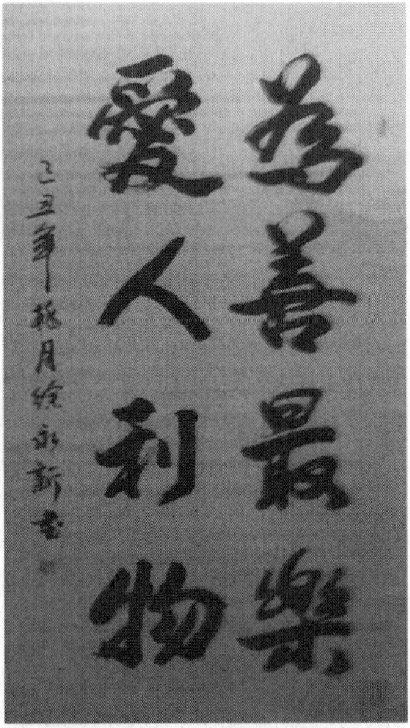
為善最樂
愛人利物

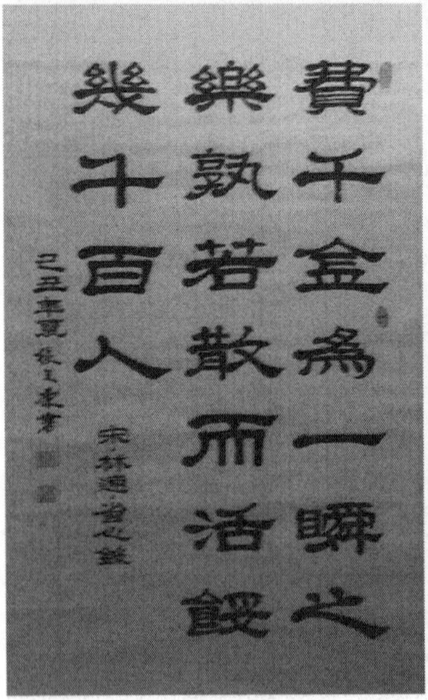
費千金為一瞬之
樂孰若散而活餓
幾千百人
宋林逋省心銓

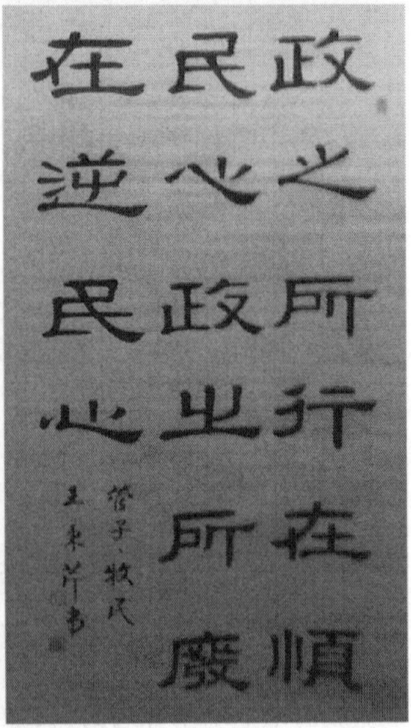
政之所行在順
民心政出所廢
在逆民心
管子·牧民

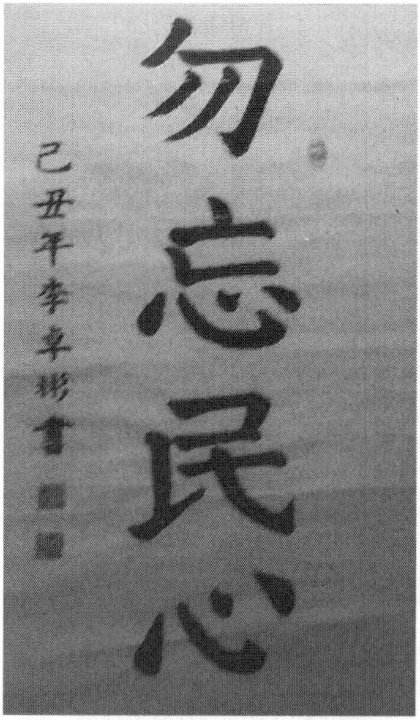
勿忘民心

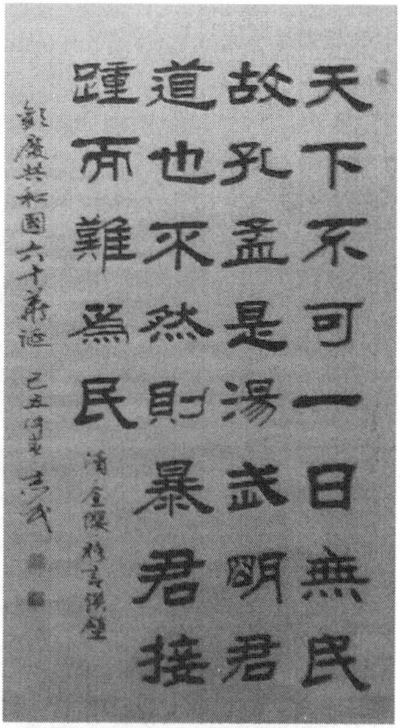
天下不可一日無民
故孔孟是湯武明君
道也不然則暴君接
踵而難為民

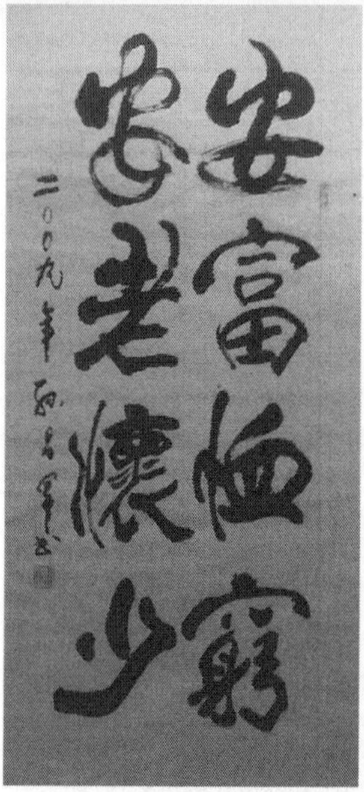
安富恤窮
安老懷少

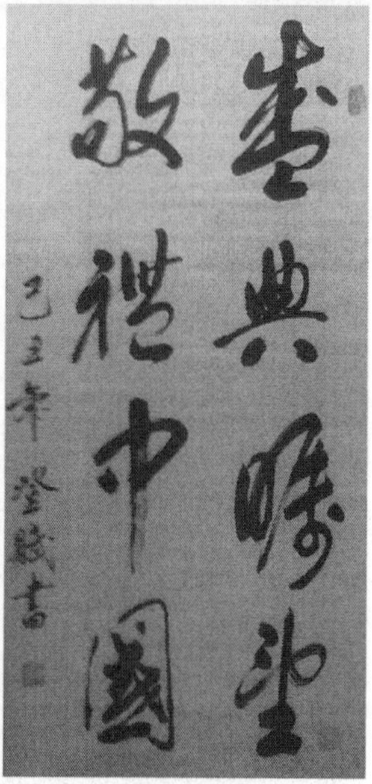

熱血豐碑

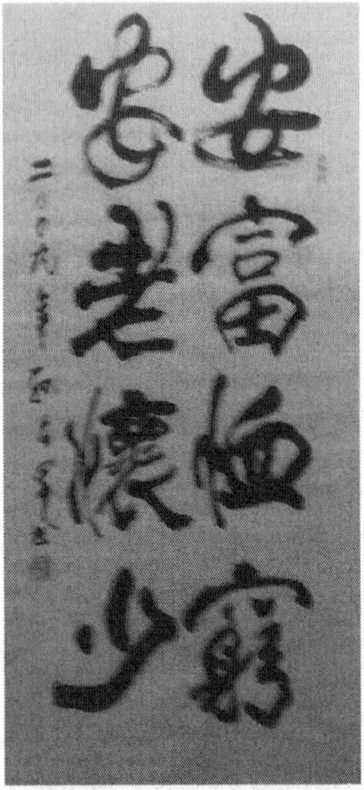
安富恤窮
安老懷少

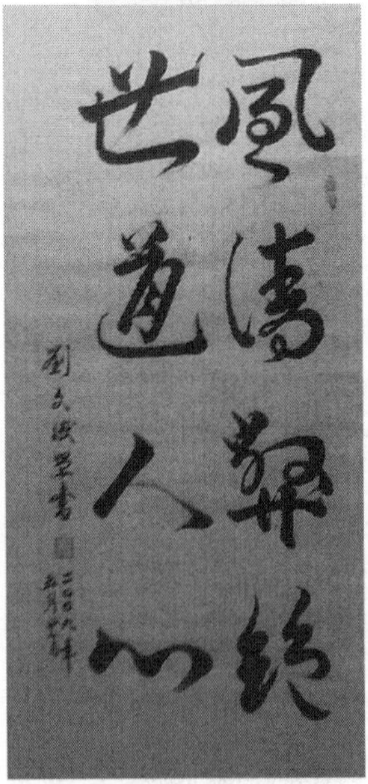

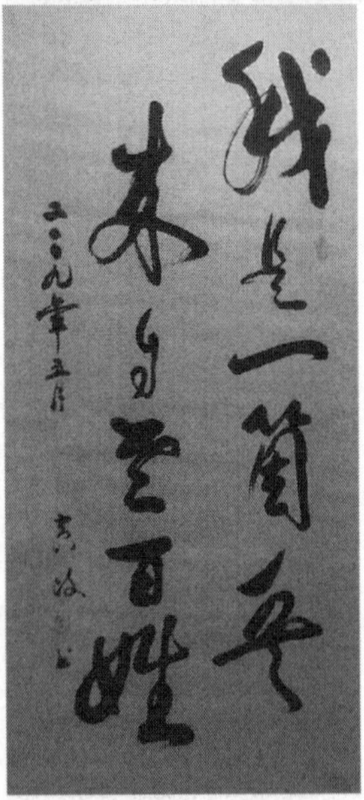
我是一箇兵
來自老百姓

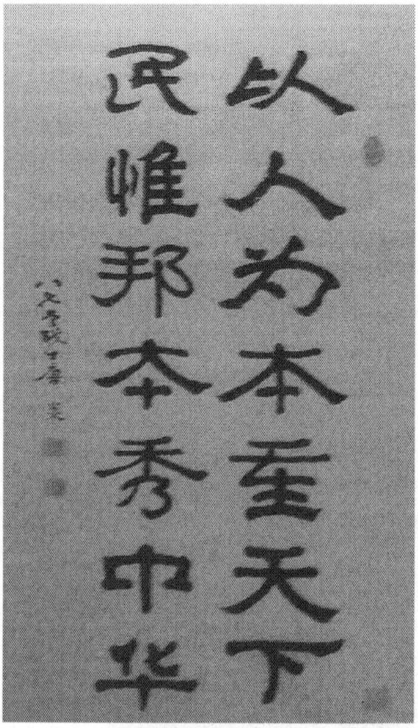
以人为本至天下
民惟邦本秀中华

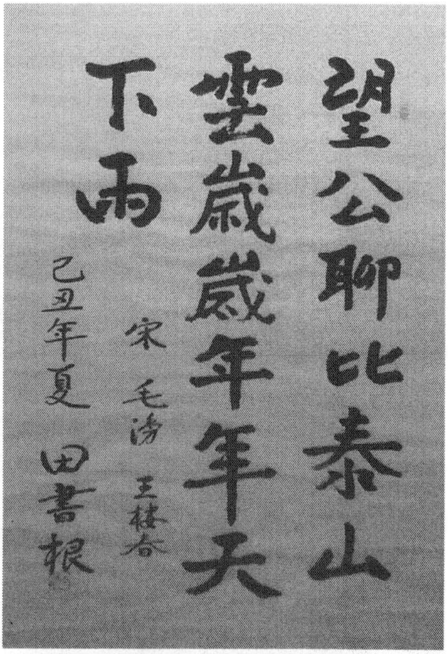
望公卿比泰山
雲歲歲年年天
下雨
宋 毛滂 玉樓春
乙丑年夏 田書根

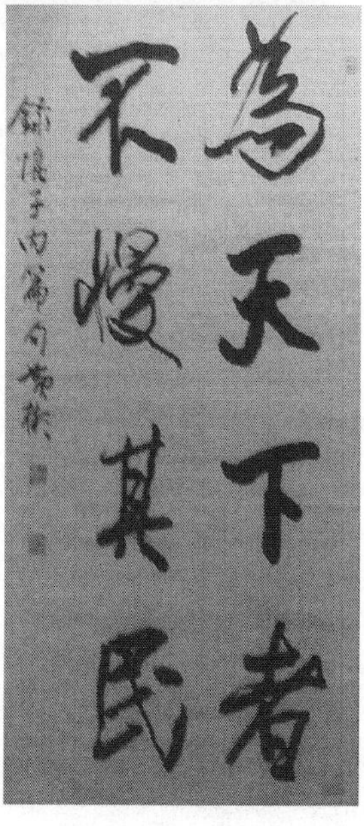
為天下者
不愛其民

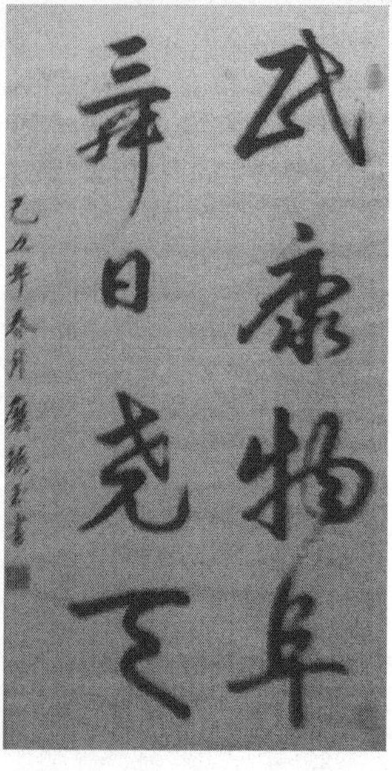
成康物阜
舜日堯天

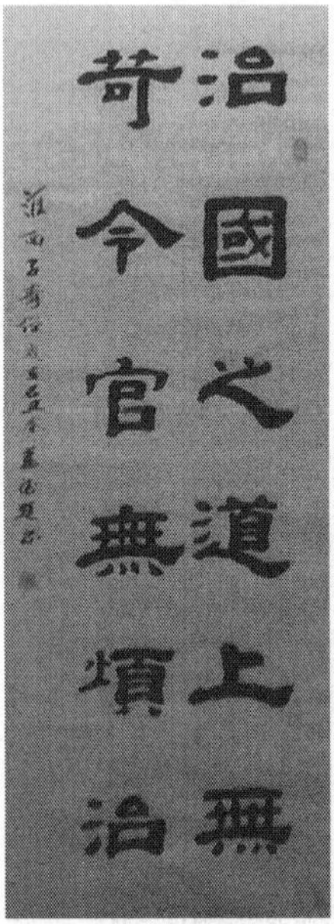
治國之道上無
苛令官無煩治

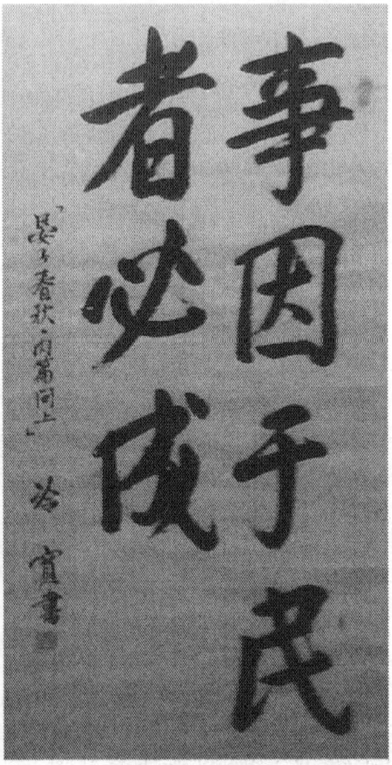
事因于民
者必成

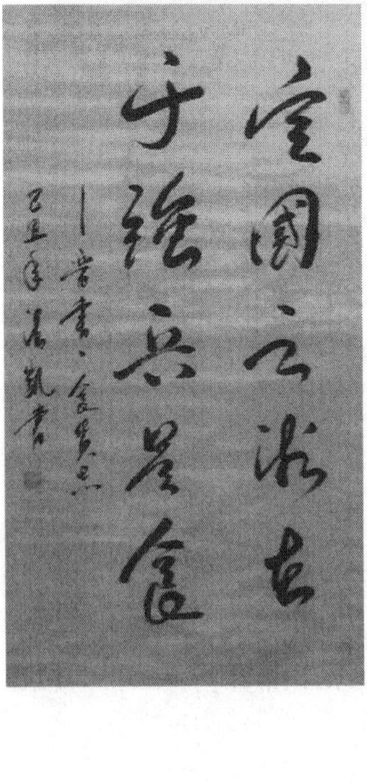

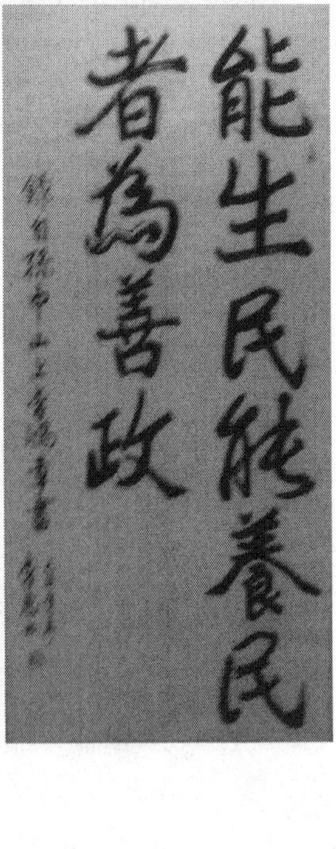
能生民能養民
者為善政

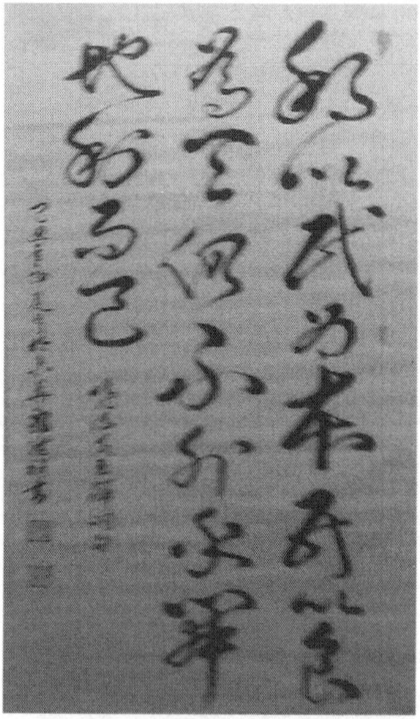

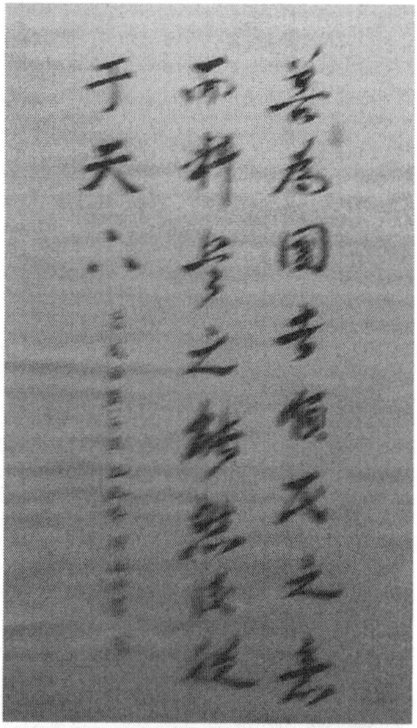

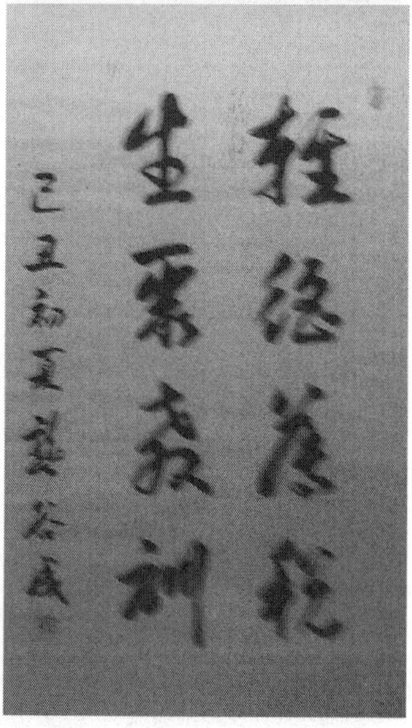

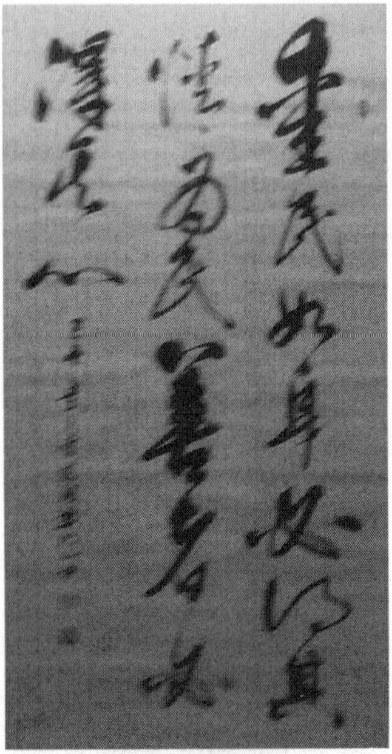

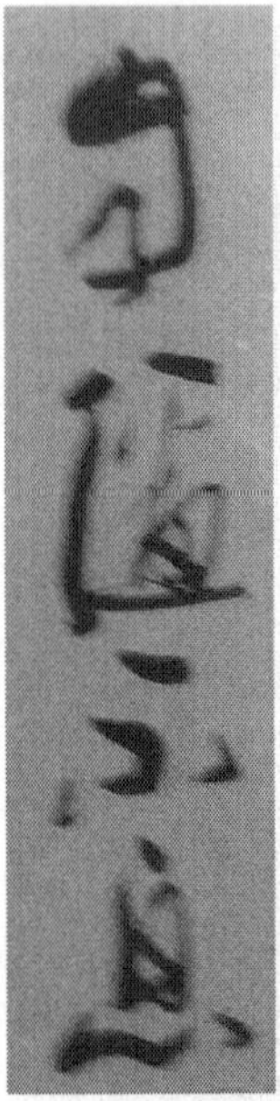

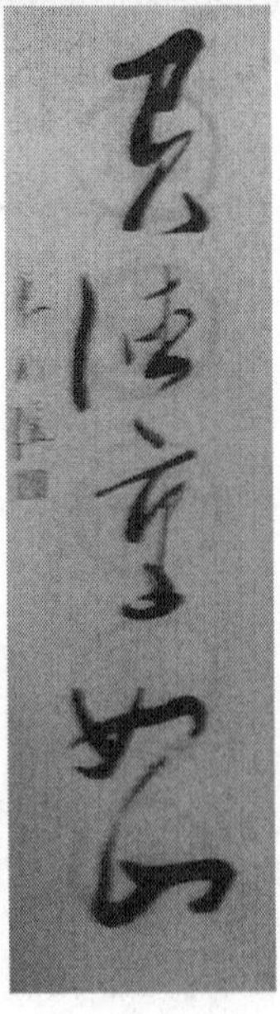

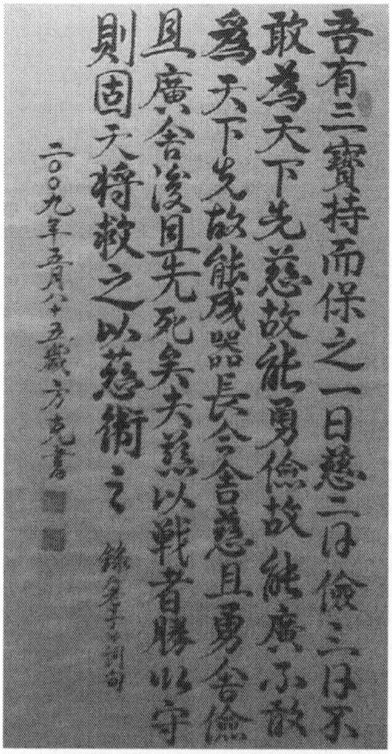
吾有三寶持而保之一曰慈二曰儉三曰不敢為天下先慈故能勇儉故能廣不敢為天下先故能成器長今舍慈且勇舍儉且廣舍後且先死矣夫慈以戰則勝以守則固天將救之以慈衛之

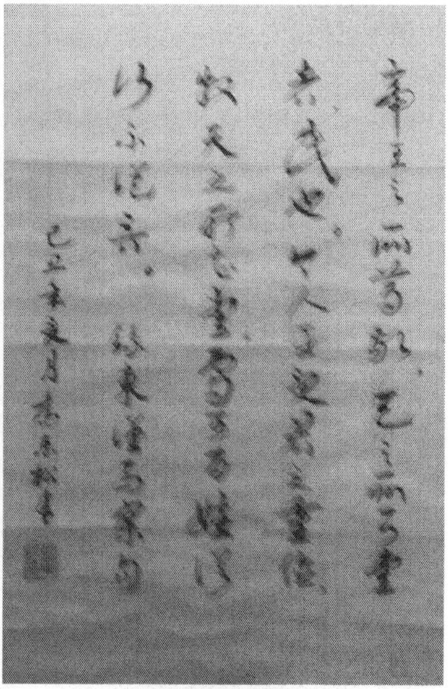

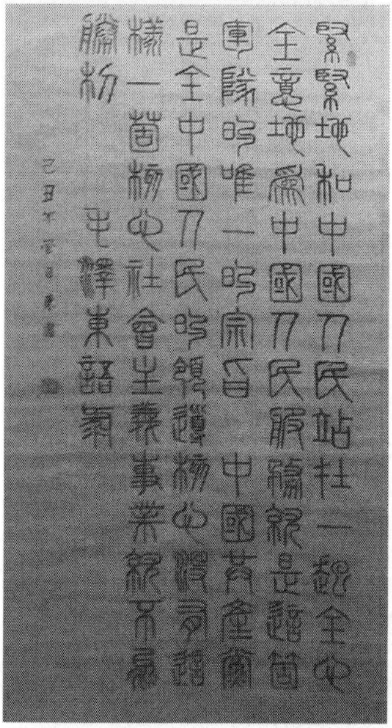
緊緊地和中國人民站在一起全心全意地為中國人民服務就是這個軍隊的唯一的宗旨
中國共產黨是全中國人民的領導核心 沒有這樣一個核心社會主義事業就不能勝利
毛澤東語錄

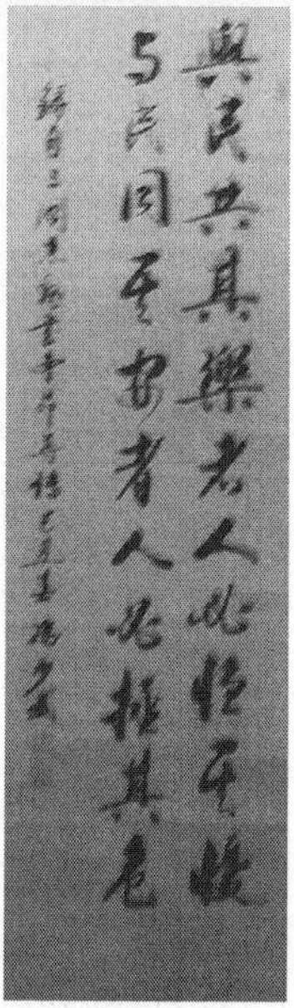
與民共其樂者人必憂其憂
與民同其安者人必拯其危

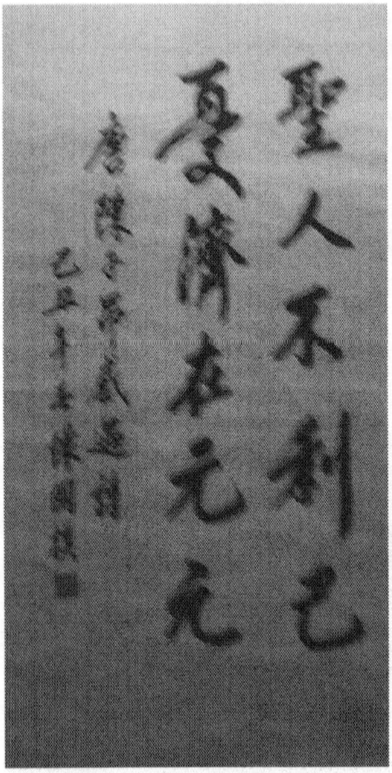
聖人不利己
憂濟在元元

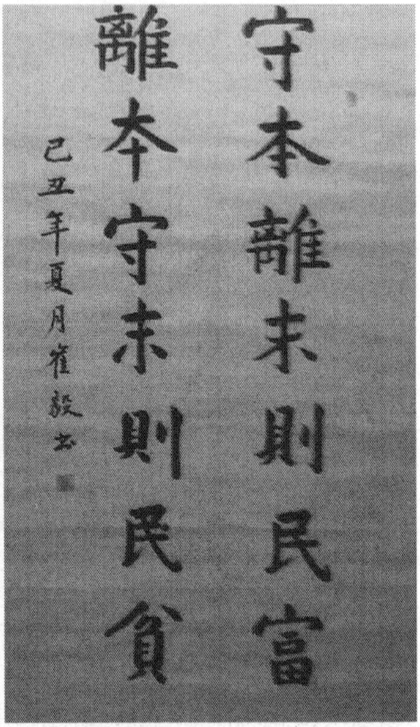
守本離末則民富
離本守末則民貧
己丑年夏月崔毅書

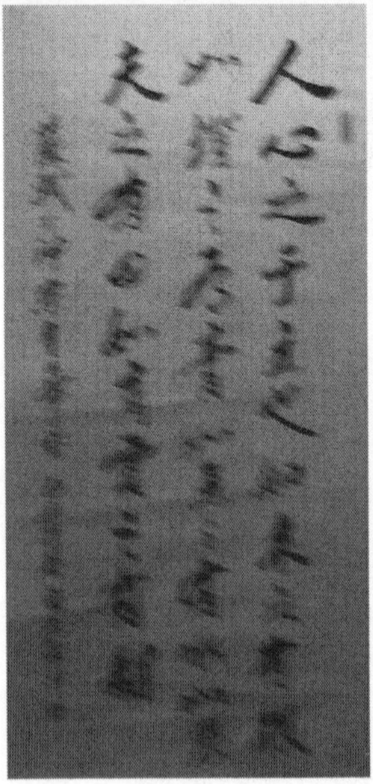

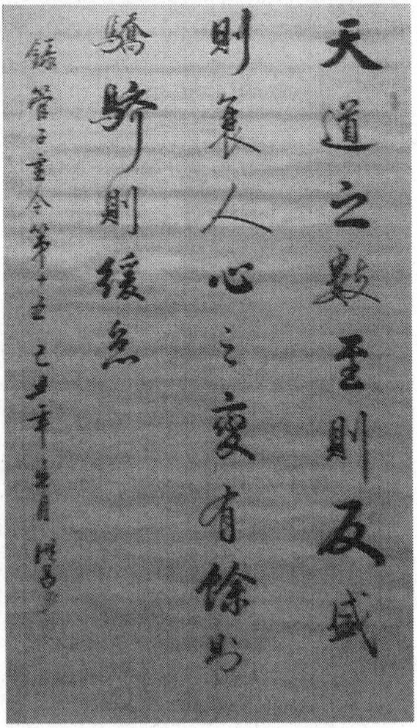
天道之數至則反盛
則衰人心之變有餘則
驕驕則緩急

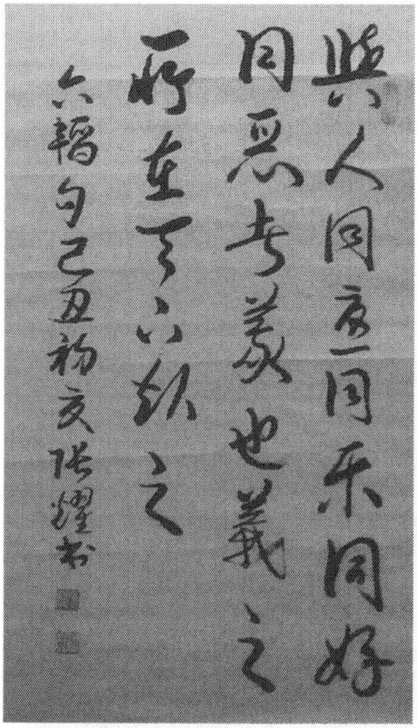
與人同處同樂同好
同惡者義也義之
所在天下歸之
六韜句乙丑初夏張耀書

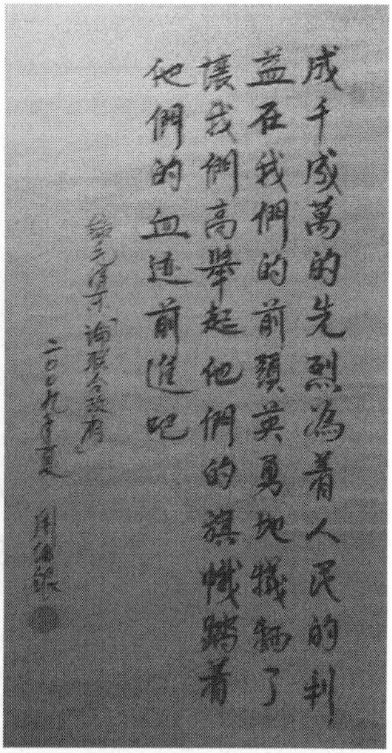
成千成萬的先烈為着人民的利
益在我們的前頭英勇地犧牲了
讓我們高舉起他們的旗幟踏着
他們的血迹前進吧

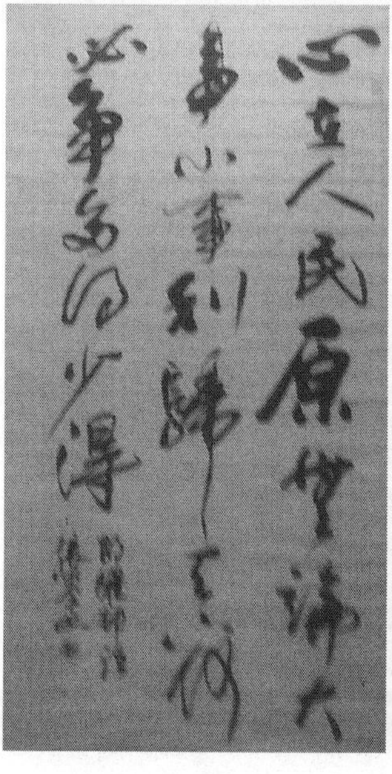

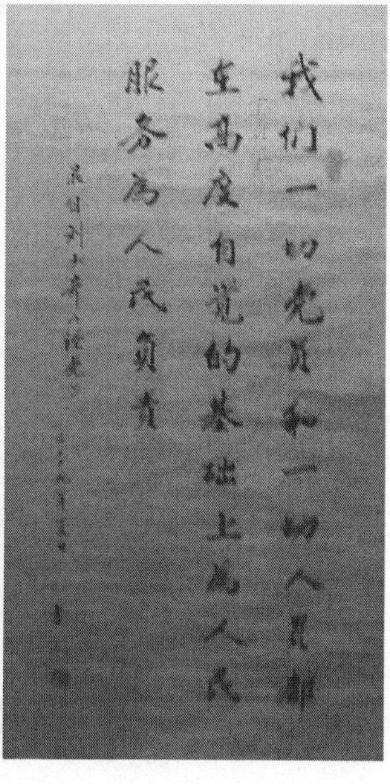

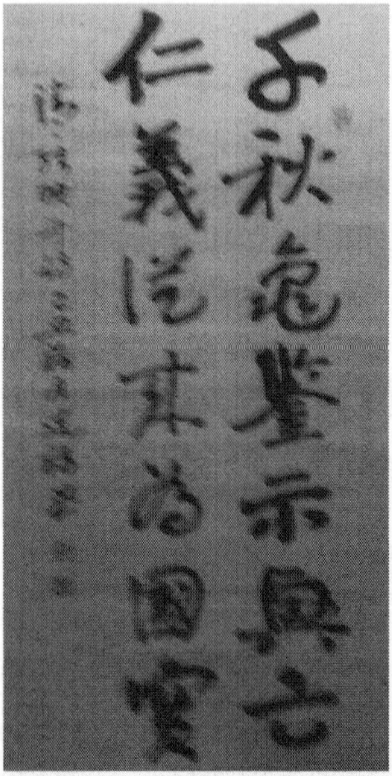

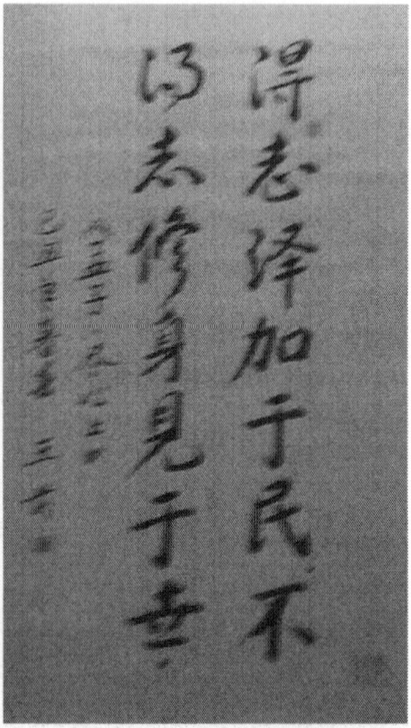
得志泽加于民不
得志修身見于世

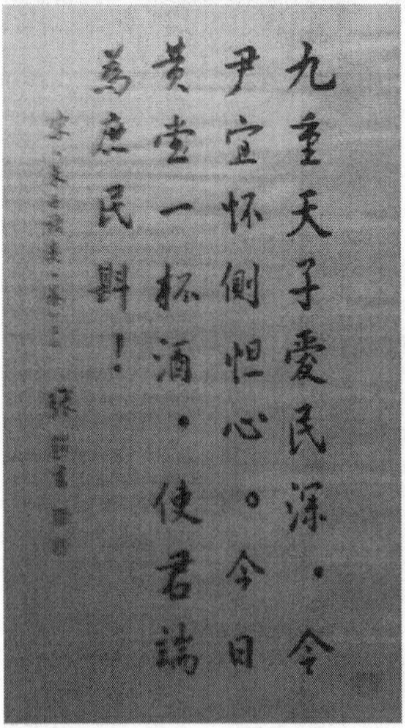
九重天子愛民深・令
尹宜怀側怛心。今日
黃堂一杯酒・使君端
為庶民斟！

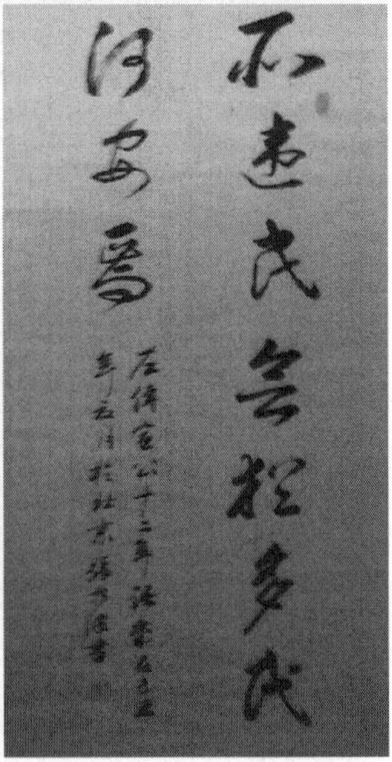

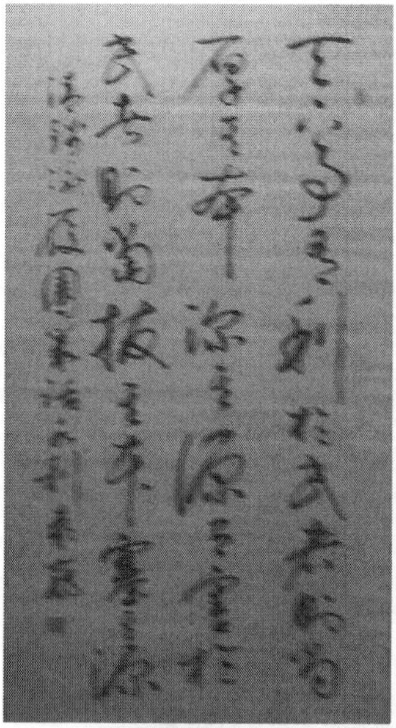

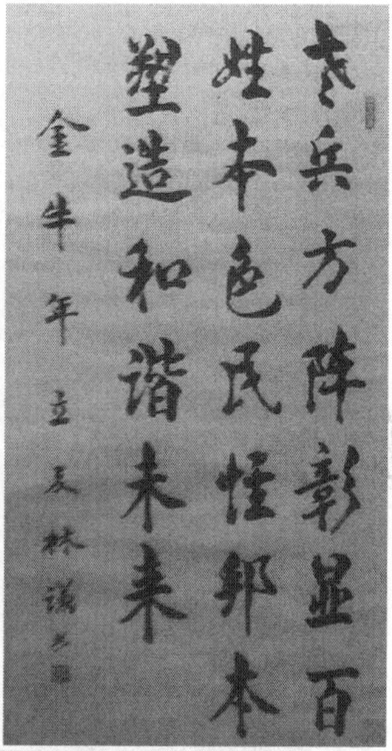

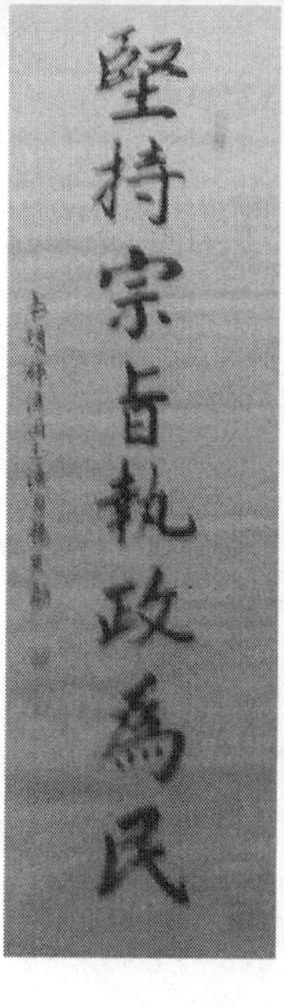
堅持宗旨執政為民

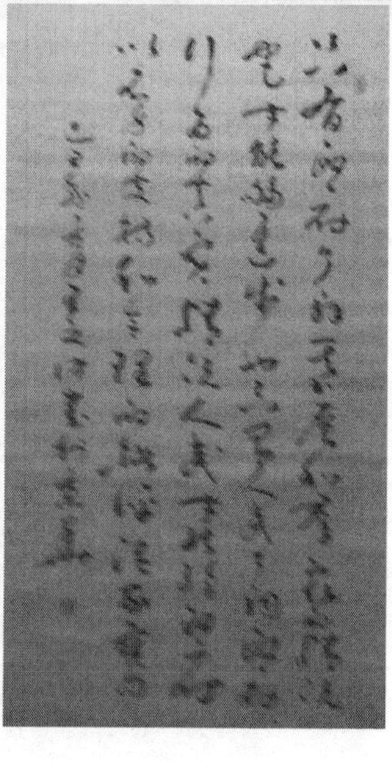

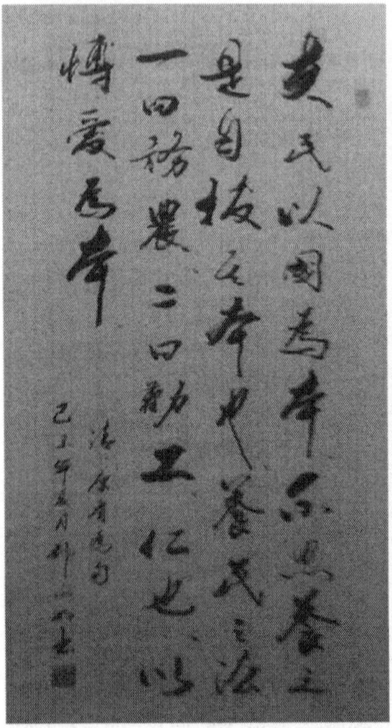

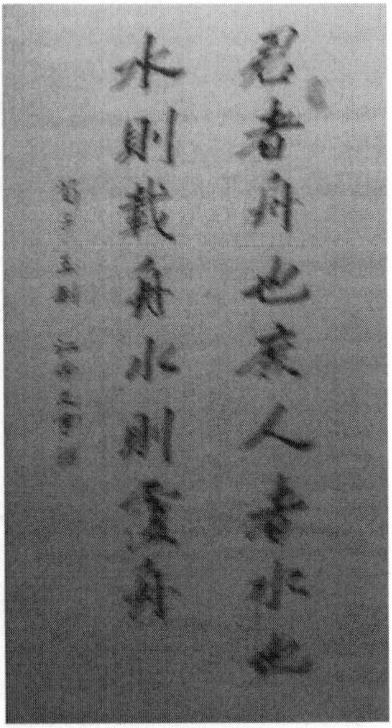
君者舟也庶人者水也
水則載舟水則覆舟

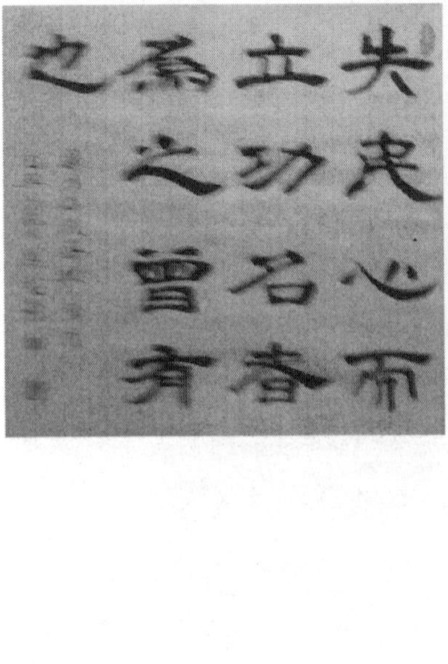

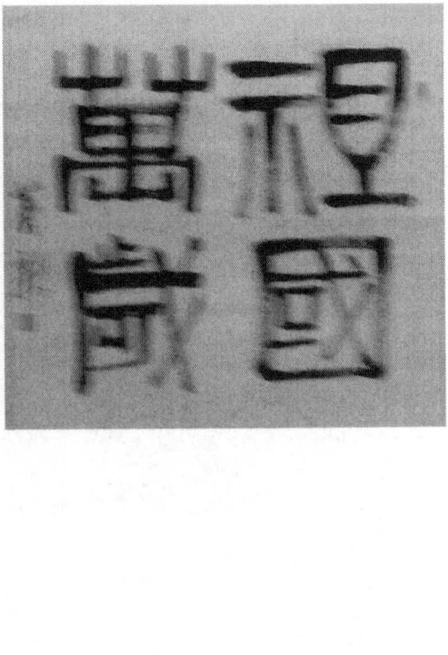
祖國
萬歲

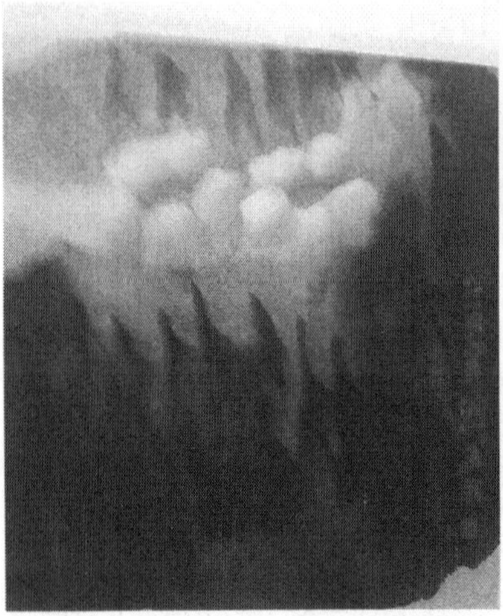
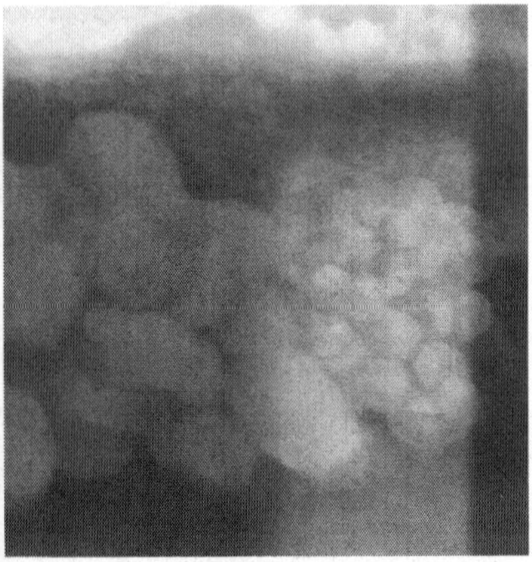

大丈夫貴兼濟豈獨善一身

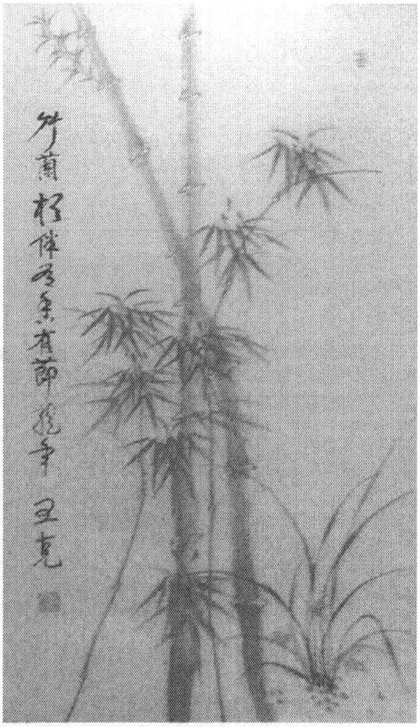

附件二 歡慶祝賀（各界致辭、賀詞、講話等）

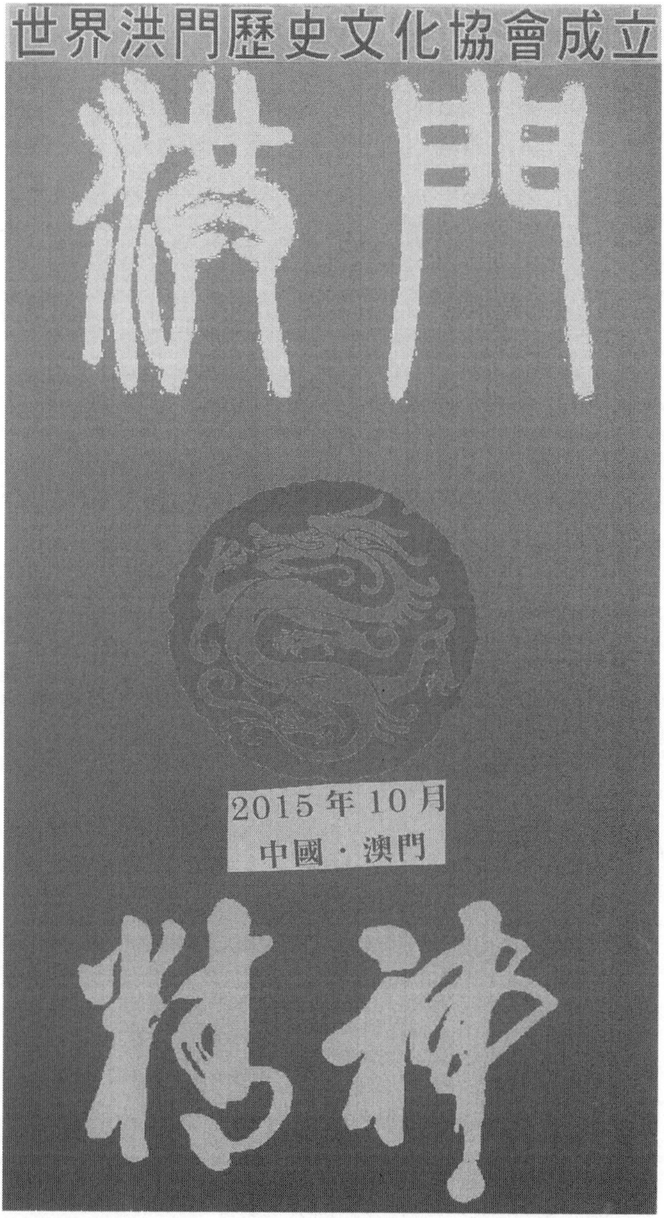

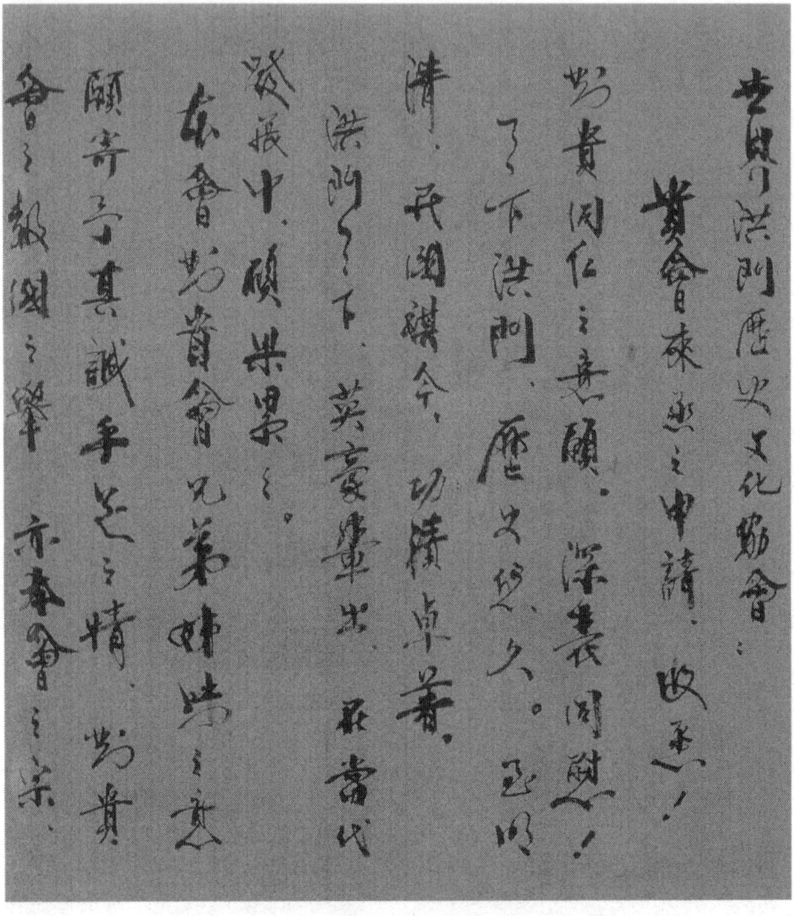

世界洪門歷史文化協會：

貴會來函之申請，收悉！

對貴同仁之意願，深表同感！

天下洪門，歷史悠久，至明

清，民國迄今，功績卓著。

洪門之下，英豪輩出，在當代

發展中，碩果累累。

本會對貴會兄弟姊妹之意

願寄予真誠手足之情，對貴

會之報國之舉，亦本會之宗，

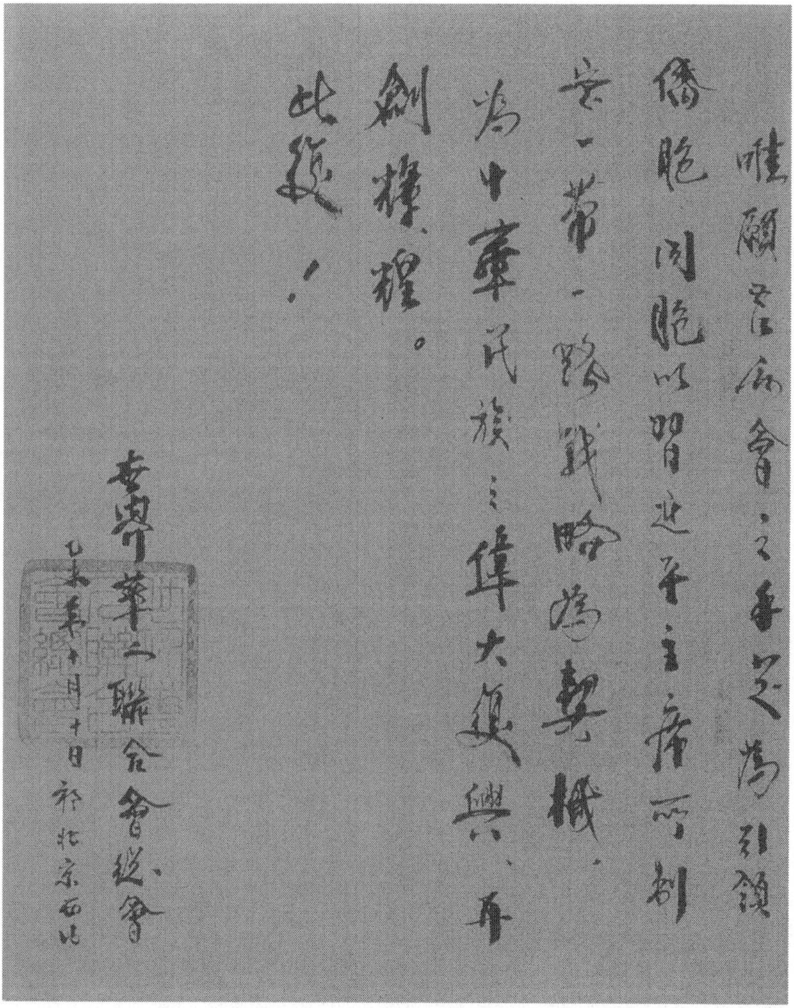

唯願吾僑會之手足為引領
僑胞同胞以習近平主席所創
立一帶一路戰略為契機，
為中華民族之偉大復興、再
創輝煌。
此致！

世界華人聯合會總會
乙未年十月十日於北京西城

【洪門精神】

如今時代變遷，工商企業界皆以合併經營方式，由中小企業合併成大規模企業，則可加速其發展。當代的洪門菁英，多已進入知識分子的行列，承以前輩們當初的精神，接以服務社會，造福人群為目標，建設民主共和之理念，以新洪門的「義工」自許。從創造特有的洪門歷史文化，到目前進入「理論與實踐」的新階段，邁向二十一世紀的歷史新里程，隨著社會的轉型，渡過另一次徹底的洪門轉型期，成建設洪門基礎工程。至於實踐力行方面，支援「辛亥革命」，推翻專制，掃除軍閥，爭取到抗日戰爭的勝利。目前，改以合法的民間社團立場，不介入政治性活動，純粹以社會服務立場，為全民謀福利。

洪門在中國近代歷史上有兩大突出貢獻，以示支持孫中山先生領導的辛亥革命，十次武裝起義的經費主要都來自海外華僑及洪門的捐輸；二是積極投身抗日戰爭。武昌起義後中國各個地方行政及省份紛紛宣佈獨立、各北洋軍閥割據、中國出現四分五裂的情況。由於在軍事史上一向北伐是較難成功，北伐統治中國也不得不靠一些團體。於是洪門等中國南方社團在大城市更加昌盛，不同政治背景的人爭取不同的社團支持。“七七事變”後，積極募款購買了 21 架飛機支援革命軍抗戰。其組成的忠義救國軍，在掩護淞滬抗戰中撤退的部隊和在敵後襲擾日軍的鬥爭中都發揮了重要作用。在東南亞各地，洪門子弟不但捐資輸財、助國力戰，還抵制日貨，懲處奸商，同時踴躍回國投軍，效力沙場。1941 年 12 月太平洋戰爭爆發後，東南亞洪門子弟堅持抗敵、保衛僑居國，不但組織菲律賓華僑抗日鋤奸義勇軍，還參加了菲律賓華僑抗日遊擊支隊，祖國抗戰和世界反法斯斯鬥爭做出了積極貢獻。

司徒美堂是愛國華僑領袖，也是世界洪門元老。抗日戰爭期間，司徒美堂發動海外華僑以捐款捐物等各種方式積極支援祖國抗擊日本法西斯的侵略，為抗日戰爭的勝利做出不朽貢獻。在日戰爭中，洪門都發揮了重要作用。洪門以“忠義互助”的忠義文化和愛國思想聚合華僑力量，“洪門的抗日行為應被挖掘出來，其愛國情懷應當被緬懷”。

世界洪門總會是洪門會堂的國際性聯誼組織。1993 年 10 月 7 日在台灣舉行首屆世界洪門總會年會，與會者達 5000 人。此次年會號召全球洪門子弟完成兩岸的和平統一，為中國人的世紀催生。1994 年在大溪地舉行世界洪門總會第 2 屆年會。1995 年 8 月 21 日至 22 日在多明尼加舉行 1995 年懇親大會。由世界洪門總會與多明尼加致公總堂主辦。

1992 年 7 月 28 日在美國舉行第 3 屆世界洪門懇親大會，經來自美國、加拿大、菲律賓、澳大利亞、巴拿馬、阿根廷、印尼、塔希提（大溪地）、台灣等國家，地區的 100 多位元代表兩天討論，通過總會章程後宣告成立。旨在團結洪門會員，發揚洪門忠義精神，振興倫理道德，提倡社會福利，服務人群，造福人類，總會設在美國檀香山。

海外洪門組織自開山立堂的宗旨，是愛國家，愛民族，抵禦外來侵略。據史料載，300 多年來，洪門子弟為了保衛祖國而浴血奮戰，抗禦外侮，進行不少鬥爭。

今年正逢抗日勝利及反法西斯戰爭勝利 70 周年，洪門在抗戰中作出巨大犧牲，發揮重大作用，作出歷史性貢獻，對此應予以充分肯定和高度評價。“今天，在促進兩岸和平，維護中華民族整體利益，乃至共推‘一帶一路’，洪門依然可以發揮重要作用，大有作為。”

新中國經過六十多年的建設和發展，政治穩定，經濟繁榮，國際地位提高，成為世界上舉足輕重的強國之一，海外僑胞得以揚眉吐氣，是積弱了數百年所夢想不到的。廣大海外洪門人士認為，統一祖國、振興中華、支持中國的建設也是洪門人士應盡的一份責任和義務。

【前 言】

欣逢吉日，今天在澳門特別行政區成立“世界洪門歷史文化協會”並組織海內外洪門昆仲、世界各地貴賓及同胞們共同舉辦了“順應時代潮流，探討一帶一路，復興中華的新使命”為主題的研討會，意義重大。世界洪門歷史文化協會全體同仁對前來參與盛會，參加慶典的領導、海內外各地洪門的兄弟姐妹們、好朋友們表示衷心的感謝和致敬！

“世界洪門歷史义化協會“是在澳門特別行政區註冊成立的非牟利社團，宗旨是：熱愛國家民族，組織各地文化交流，卑能傳承辛亥革命歷史文化，藉此團結海內外華僑華人，推動祖國的和平統一大業，在國家的國策“一帶一路”建設中，充分發揮本會在海內外的優勢，負起橋樑紐帶的作用和貢獻。

研究探討“洪門歷史文化”是本會的重要使命，洪門組織源起明末清初，源遠流長，枝繁葉茂，綿延近四百年，遍佈世界各地。“洪門”近四百年以來的忠貞愛國、歷經眾多先烈、先賢犧牲和奉獻。從殷洪盛、鄭成功、陳近南、蘇洪光、洪門五祖、朱一貴、林爽文及洪秀全等先賢的反清復明，到孫中山先生的“驅除韃虜、恢復中華”拋頭顱、灑熱血、不惜犧牲生命和財產。經過多次的革命起義，終於在 1911 年發動辛亥革命成功推翻腐敗的滿清王朝，建立起亞洲第一個民主共和國。1925 年由洪門致公總堂的司徒美堂先生等先賢發起，在美國三藩市成立“中國致公黨”。現在的中國致公黨在國家的“參政議政”、“海外聯誼”方面發揮了重要的功能.

今年是抗戰勝利 70 周年的紀念日子，在抗戰時期，海內外的洪門先賢在前方英勇殺敵，在後方立會助餉，捐款購買飛機，同仇敵愾，一致抗日作出貢獻。緬懷歷史，展望未來！現在希望透過“世界洪門歷史文化協會”作為平臺，團結世界各地海內外華人華僑大聯合、大團結、反台獨、促統一，為祖國和平統一大業，為振興中華民族、為實現“中國夢”而作出貢獻！

洪門近四百年的歷經歷史烽煙，義不容辭挑起時代的重擔，經得起時代千錘百煉的考驗。再再證明：洪門是一個民族意識濃厚、民間組織強大的民族愛國團體，對國家和社會的貢獻，功高至偉。

最後祝願本協會，秉承孫中山宏願“天下為公、世界大同”之精神，配合國家的“一帶一路”建設，為中華民族的偉大復興作貢獻。使洪光普照滿天下，洪門事業萬世流芳！

並祝全體蒞臨的貴賓，身體健康！萬事如意！

世界洪門歷史文化協會

尹國駒 合掌

二零一五年十月吉日

贺世界洪門歷史文化協會成立

宏扬中華优秀文化

庞炎林

祝賀首屆世界洪門文化歷史論壇成功舉辦

傳承文化傳統
助推統一大業

澳門特別行政區
行政會委員
立法議員　**陳明金**
二零一五年十月

首屆世界洪門歷史文化論壇成立誌慶

宏揚中華

澳門特別行政區立法會議員
高天賜 致賀
二零一五年十月十五日

世界洪門歷史文化協會

成立大會

革命先驅

許歷農

敬賀

世界洪門歷史文化協會成立盛典

傳承中華歷史文化

弘揚世界大同光輝

宋楚瑜題賀

楚瑜用箋

世界洪門歷史文化協會
成立大會特刊

忠義四海
永固中華

中國國民黨
主席 朱立倫 敬賀

世界洪門歷史文化協會成立誌慶

群策群力

吳伯雄敬賀

伯雄用箋

世界洪門歷史文化協會成立誌慶

道義典範

王金平

世界洪門歷史文化協會成立大會誌慶

洪門正氣

振興中華

洪秀桂 敬賀

世界洪門歷史文化協會成立誌慶

促進中華文化交流
共創人民幸福生活

中國國民黨中央評議委員會主席團主席 趙守博 敬賀

祝 世界洪門歷史文化協會成立

忠義千秋
中華之光

悟覺妙天 敬賀

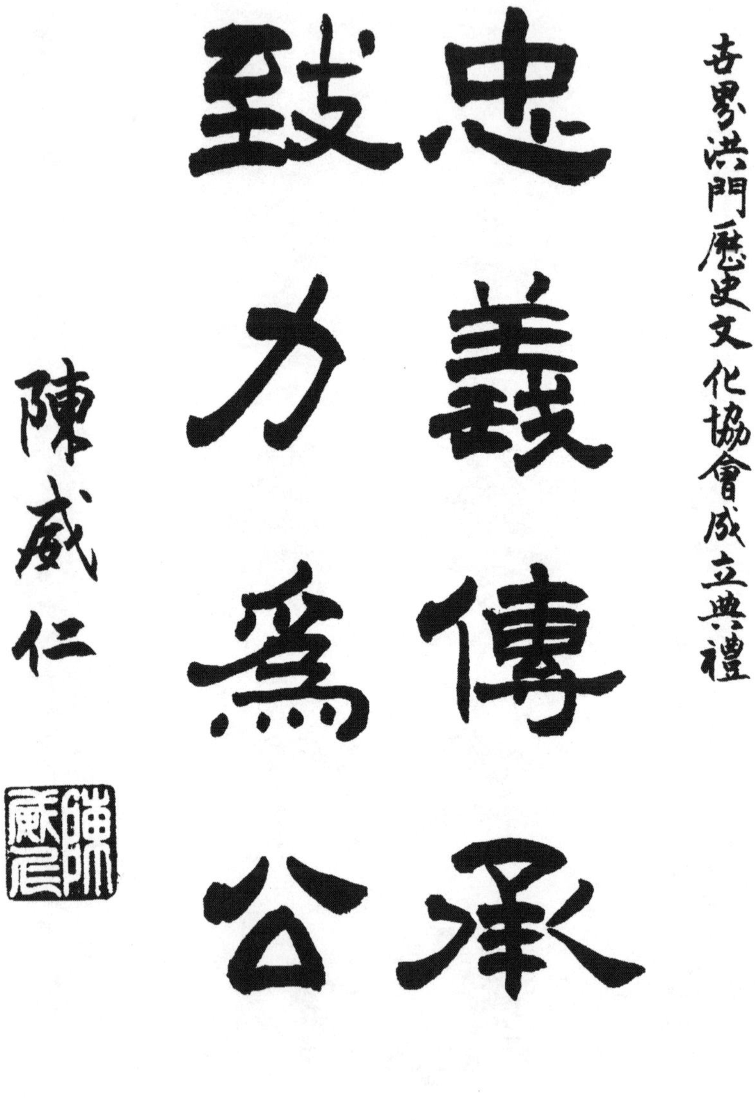
世界洪門歷史文化協會成立典禮
忠義傳承
致力為公
陳威仁

世界洪門歷史文化協會成立典禮誌慶

弘揚中華文化
共創世界和平

海峽交流基金會
董事長 林中森 敬賀

世界洪門歷史文化協會

忠義在中華

郁慕明

二〇一五年八月

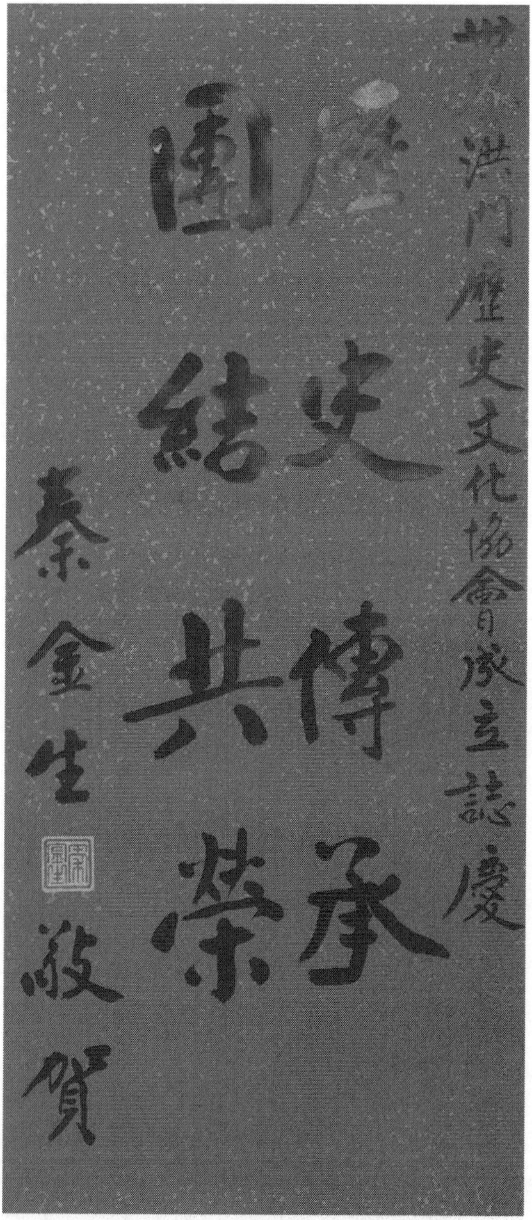
世界洪門歷史文化協會成立誌慶
歷史傳承
團結共榮
秦金生敬賀

世界洪門歷史文化協會成立誌慶

宏揚中華文化

維護人類和平

黃石城敬題

世界洪門歷史文化協會成立紀念

忠心義氣

為公愛國

洪玉欽

祝 世界洪門歷史文化協會
成立誌慶

正義同脈

中華統一促進黨
總裁 張安樂 敬賀

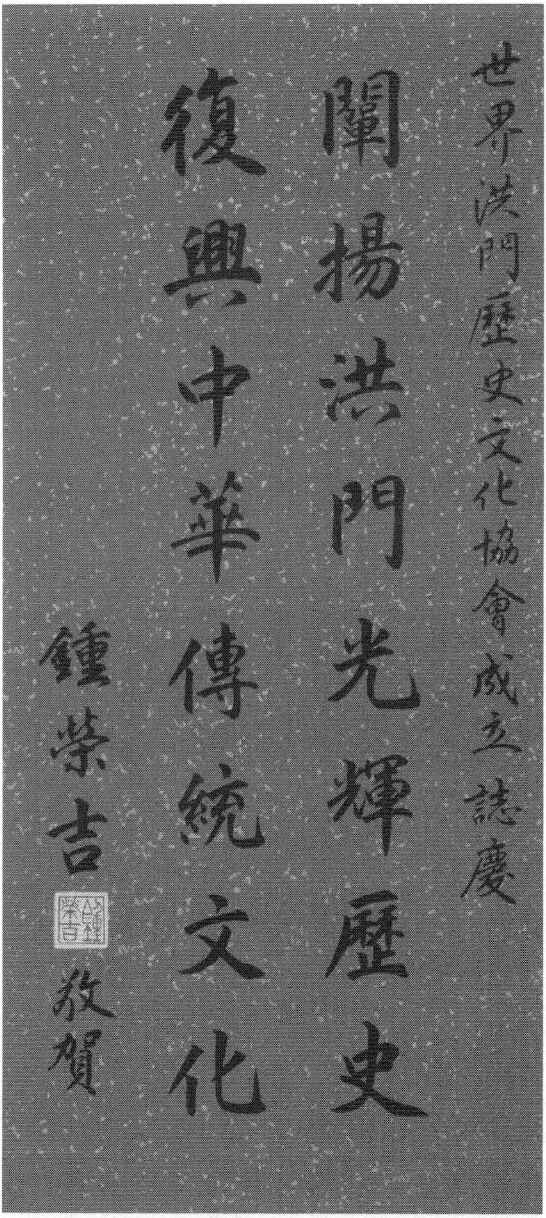
世界洪門歷史文化協會成立誌慶
闡揚洪門光輝歷史
復興中華傳統文化
鍾榮吉
敬賀

世界洪門歷史文化協會成立典禮 誌慶

文化興邦
貢獻輝煌

民國黨主席 徐欣瑩 敬賀

祝賀　世界洪門歷史文化協會成立大典

宏揚洪門精神
傳承中華道統

台灣
人民最大黨 主席 許 榮 淑

賀　世界洪門歷史文化協會成立誌慶

一門忠義傳古今
統領精英展欣業

台灣一國兩制研究協會
理事長 蔡武璋 敬賀
2015年10月8日

敬賀世界洪門歷史文化協會成立大會
弘揚民族正氣
實現民族復興
台灣勞動黨吳榮元敬禮

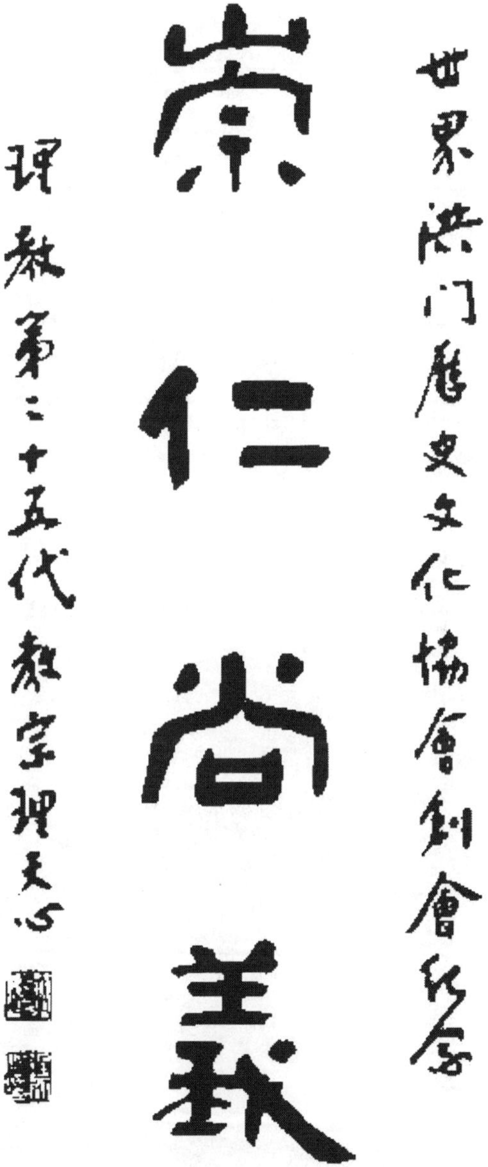
世界洪門歷史文化協會創會紀念
崇仁尚義
理教第二十五代教宗理天心

海峽兩岸和平統一促進會(簡稱:台灣·「和統會」)
台灣人民推動中國和平統一促進會(簡稱:台南·「台統會」)
台海兩岸和平發展促進會(簡稱:新竹·「台發會」)
總辦公處：台北市中正區新生南路一段138號之1，4樓之1(和統大樓)
電　話：(02) 2396-9678 (郭會長代表線), (02) 2932-4789, 0988-034-688, 0918-082-824
傳　真：(02) 2397-9678, (02) 2933-8398「四季紅」總工作室

尊敬的　　　　　　　　**<賀詞>**

TO：澳門‧世界洪門歷史文化協會

一、**貴會**成立，人間盛事。於公於私，可慶可賀。
貴我兩會，志同道合，如兄如弟。此去風雲，發揚「洪門精神」，落實「和統道業」。各憑忠愛，共同為「**中國夢**」而精進奮鬥。

二、專函奉賀。謹以「清淨心」、「誠敬心」。一片「真心」與「慈悲」。一向專念，一心繫念。先和後統，**和而必統**。

恭祝 **貴會**：會務昌隆。

敬祝 **大家**：福慧平安。

您們在台灣「最忠誠」、「永遠追隨」的好友

會長 郭俊次 **敬呈**

2015（和統五年）‧8‧24，於台北市‧「**四季紅**」總工作室

現奉行賀、並存敬。

E-mail: taitong.china@msa.hinet.net　（會長用箋）　Web site: taitong-china.myweb.hinet.net

正氣圓融人間義
世界洪門歷史文化協會成立誌慶
洪門致力天下公

世界洪門歷史文化協會
成立大會成功

忠義傳存

忠義致公黨
主席 張晉瑋

祝世界洪門歷史文化協會成立誌慶

忠心義氣

中國洪門聖鵬山

山主　王登貴

敬賀

祝世界洪門歷史文化協會成立誌慶

光大洪門

洪門五聖山　山主　李存果
全體昆仲
敬賀

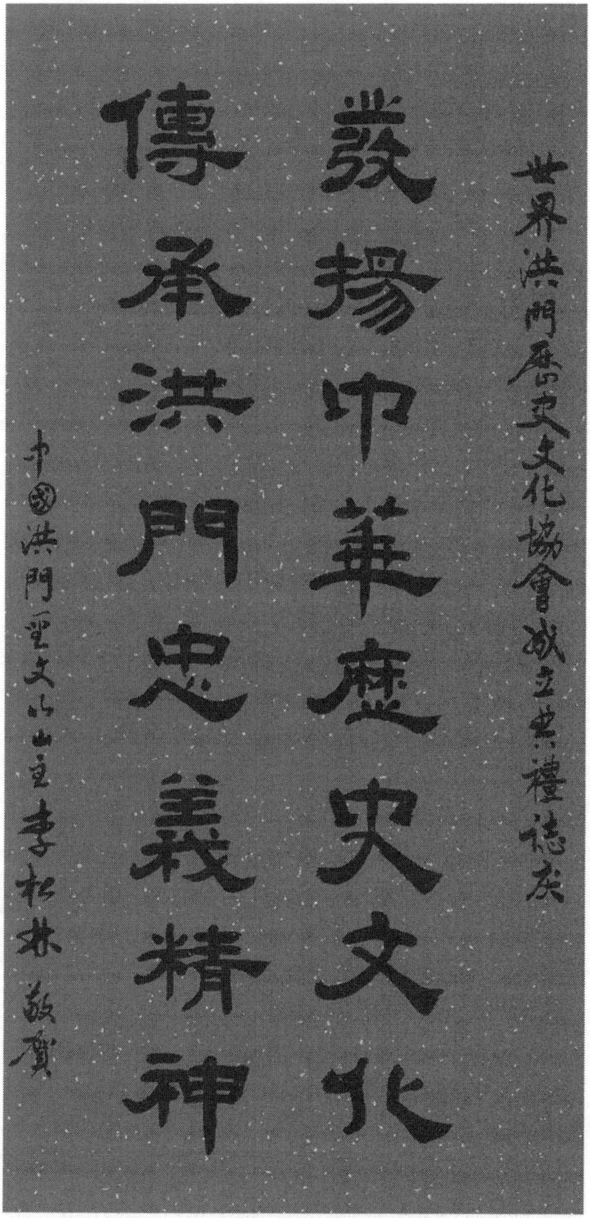
世界洪門歷史文化協會成立典禮誌慶
發揚中華歷史文化
傳承洪門忠義精神

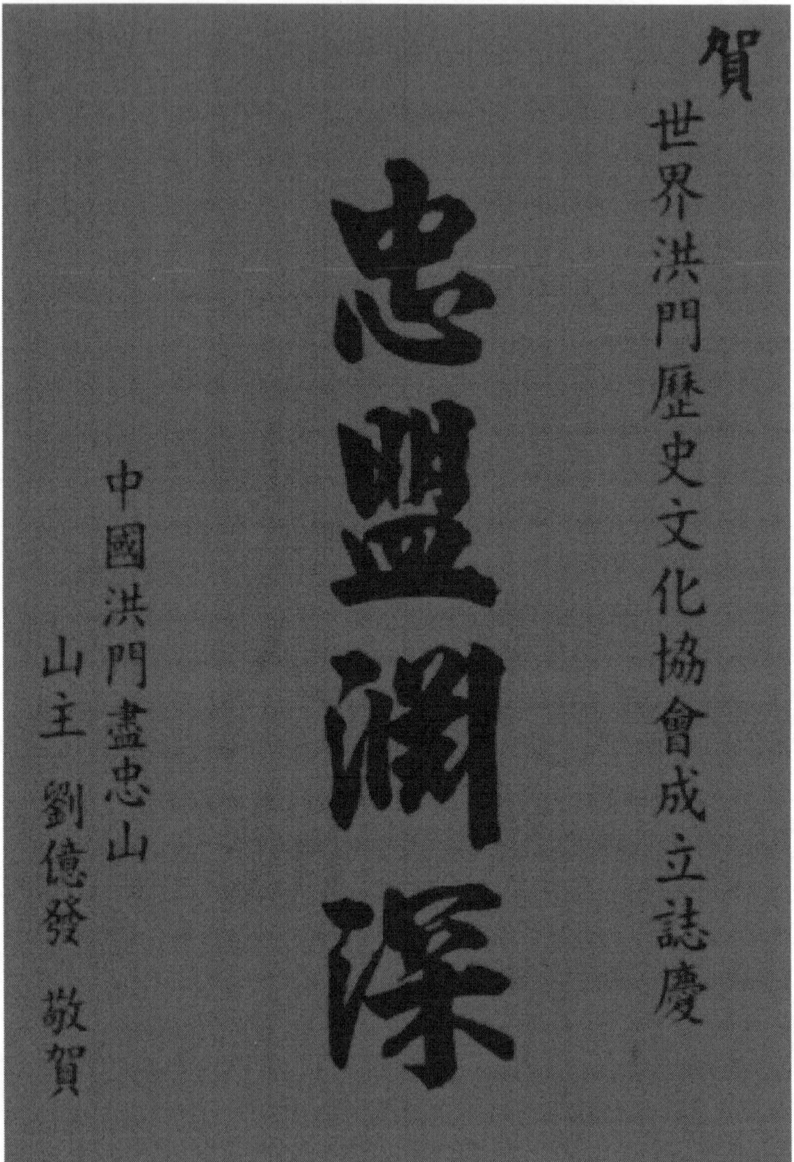

賀

世界洪門歷史文化協會成立誌慶

忠盟淵深

中國洪門盡忠山

山主　劉德發　敬賀

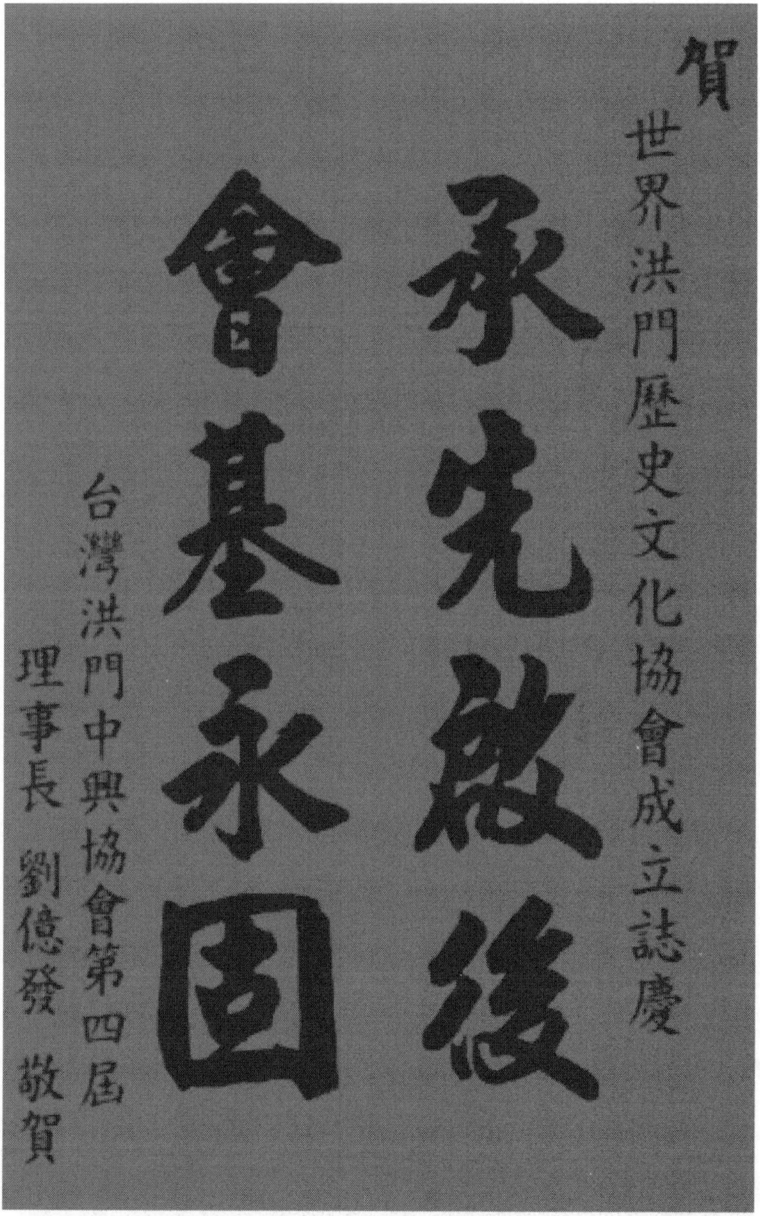
賀
世界洪門歷史文化協會成立誌慶
承先啟後
會基永固
台灣洪門中興協會第四屆
理事長 劉億發 敬賀

世界洪門歷史文化協會成立誌慶

義薄雲天

中國洪門聯合總會

岱魯山
山主　謝富德　敬賀

祝賀　世界洪門歷史文化協會成立誌慶

洪門砥柱

中國澳門殘疾人奧委會暨傷殘人士文娛暨體育總會

理事長　菲能地

敬賀

中 國 全 民 民 主 統 一 會

欣悉 中華文化促進會、世界孫逸仙博愛基金會及中國新洪門黨共同發起組成世界洪門歷史文化協會,正式成立,並在中國澳門特別行政區註冊登記有案.預期 貴會全體昆仲賢達,必能秉持 貴會 400 餘年來之忠義精神,發揚中華文化,使中華民族永垂不朽!

中 國 全 民 民 主 統 一 會
會 長 王 化 榛 敬賀
2015 年 08 月 04 日

世界洪門歷史文化協會成立典禮誌慶

扶義篤行

世界洪門聯合總會常務理事
阿根廷洪門協會總裁 陳新戶 敬賀

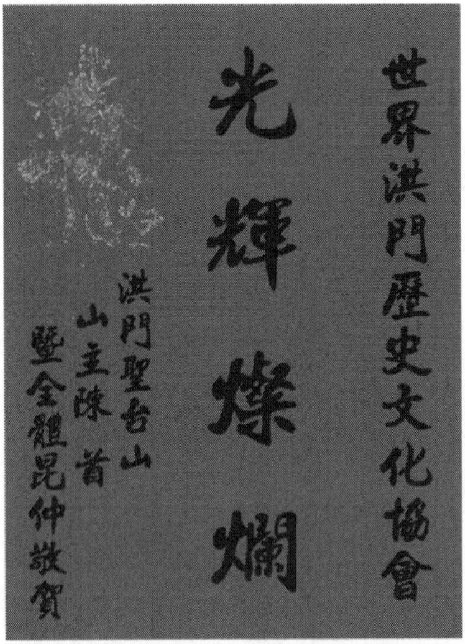
世界洪門歷史文化協會
光輝燦爛
洪門聖台山
山主陳 普
暨全體昆仲敬賀

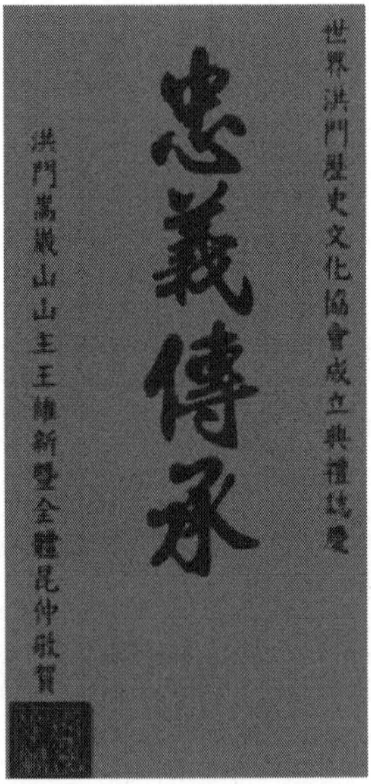
世界洪門歷史文化協會成立典禮誌慶
忠義傳承
洪門萬嶽山山主王維新暨全體昆仲敬賀

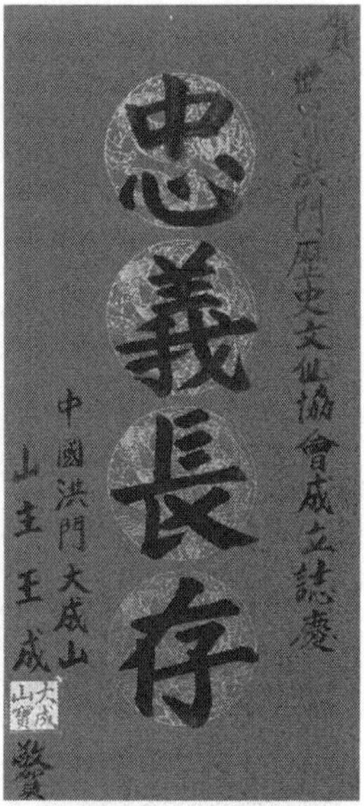

世界洪門歷史文化協會成立誌慶

承先
啟後

洪門太華道德山
山主　安寧　敬賀

世界洪門歷史文化協會成立典禮誌慶

教通海隅　尚誼抒忠
萬方來會　洪門奧義

世界洪門昊明山正印山主林榮明　敬賀
台灣基隆市洪門發展協會創會長

洪門之光

揚海宇

忠盟情深
世界洪門歷史文化協會 成立誌慶
台灣
洪門聯衛山 山主 梁智評 敬賀

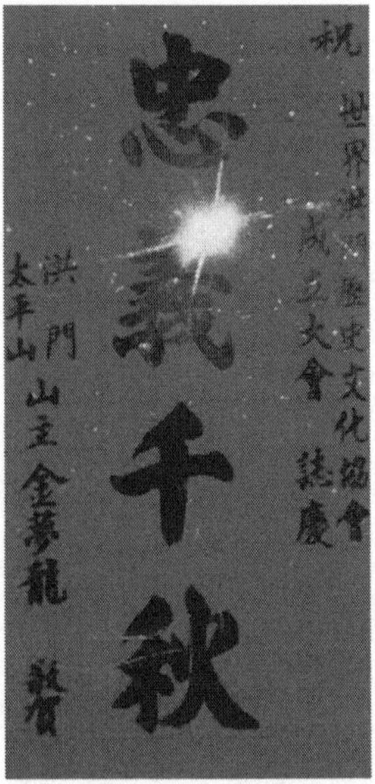
忠義千秋
祝
洪門
太平山 山主 金夢龍
敬賀

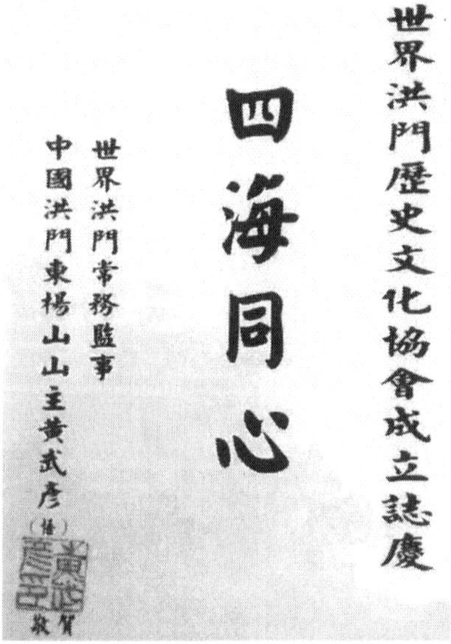

世界洪門歷史文化協會成立誌慶

四海同心

世界洪門常務監事

中國洪門東楊山山主黃武彥

敬賀

世界洪门历史文化协会成立誌慶

源遠流長

英国致公总堂何国南敬贺

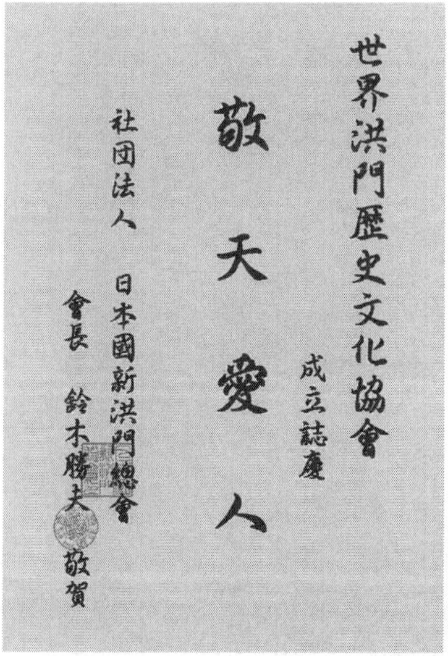

世界洪門歷史文化協會

成立誌慶

敬天愛人

社団法人　日本國新洪門總會

會長　鈴木勝夫　敬賀

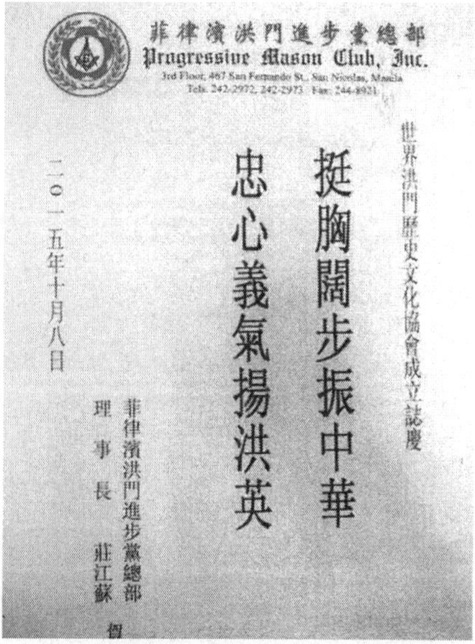

菲律濱洪門進步黨總部

Progressive Mason Club, Inc.

3rd Floor, 467 San Fernando St., San Nicolas, Manila

Tels. 242-2972, 242-2973　Fax: 244-8921

世界洪門歷史文化協會成立誌慶

挺胸闊步振中華

忠心義氣揚洪英

菲律濱洪門進步黨總部

理事長　莊江蘇　贈

二〇一五年十月八日

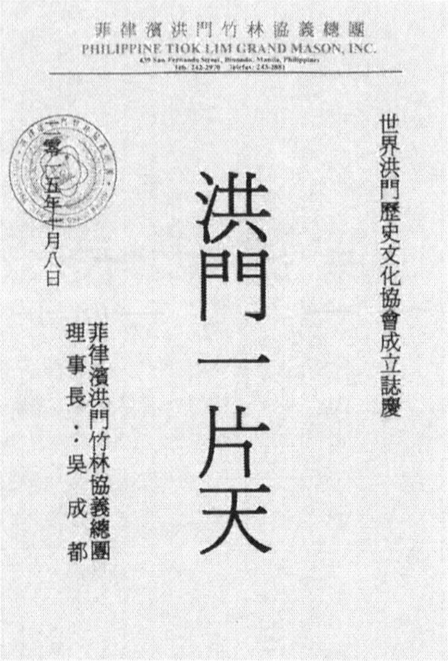

菲律濱洪門竹林協義總團
PHILIPPINE TIOK LIM GRAND MASON, INC.

世界洪門歷史文化協會成立誌慶

洪門一片天

菲律濱洪門竹林協義總團
理事長：吳成都

二零一五年十月八日

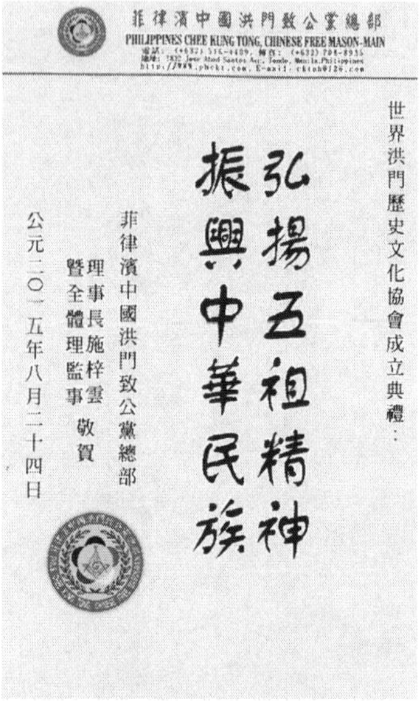

菲律濱中國洪門致公黨總部
PHILIPPINES CHEE KUNG TONG, CHINESE FREE MASON-MAIN

世界洪門歷史文化協會成立典禮：

弘揚五祖精神
振興中華民族

菲律濱中國洪門致公黨總部
理事長施梓雲
暨全體理監事　敬賀

公元二〇一五年八月二十四日

中美洲波多黎各洪门致公总堂
CHI KUNG TONG
Chinese Freemasons of Puerto Rico

尊敬的中國新洪門党主席
世界洪門歷史文化協會全權代表

蔡龍紳先生:

洪安!

中美洲波多黎各洪門致公總堂會長、盟長　何永強　敬上

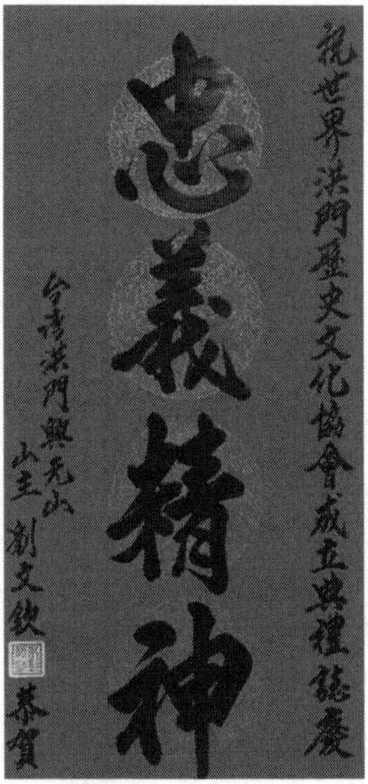

世界洪門歷史文化協會成立典禮誌慶

發揚洪門忠義

阿根廷洪門協會會長
鍾清 敬賀

菲律濱洪門秉公社
Peng Kong Grand Mason

世界洪門歷史文化協會成立典禮

精誠團結
光大洪門

菲律賓洪門秉公社
二〇一五年十月五日

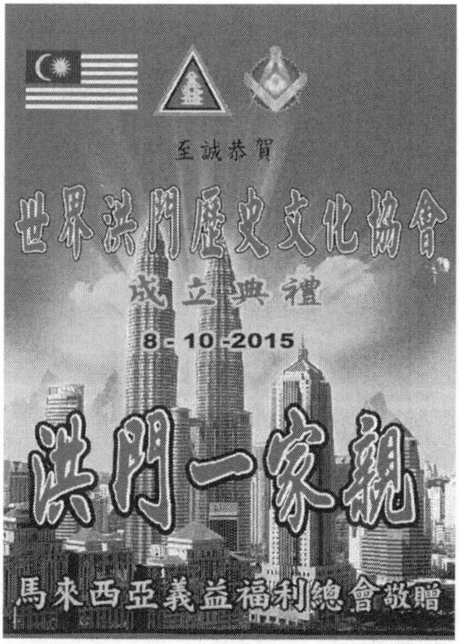
至誠恭賀
世界洪門歷史文化協會
成立典禮
8 - 10 -2015
洪門一家親
馬來西亞義益福利總會敬贈

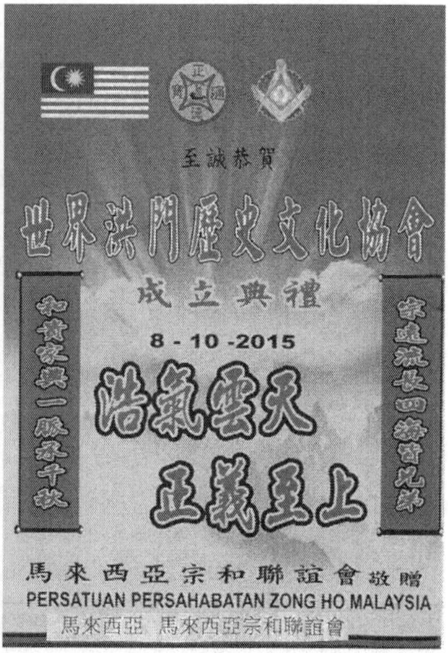
至誠恭賀
世界洪門歷史文化協會
成立典禮
8 - 10 -2015
和貴家興一脈承千秋
浩氣雲天
正義至上
馬來西亞宗和聯誼會敬贈
PERSATUAN PERSAHABATAN ZONG HO MALAYSIA
馬來西亞 馬來西亞宗和聯誼會

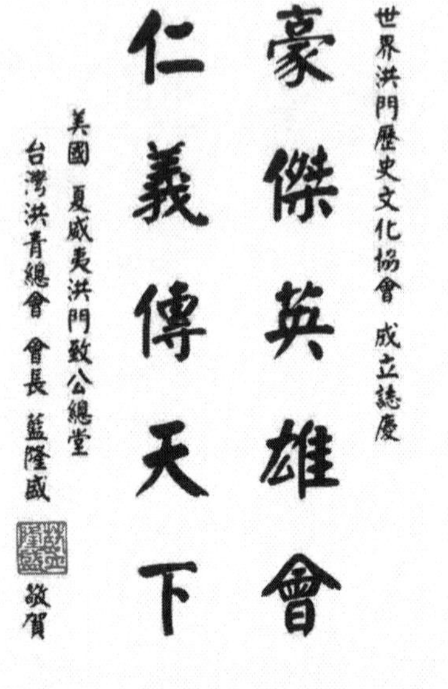

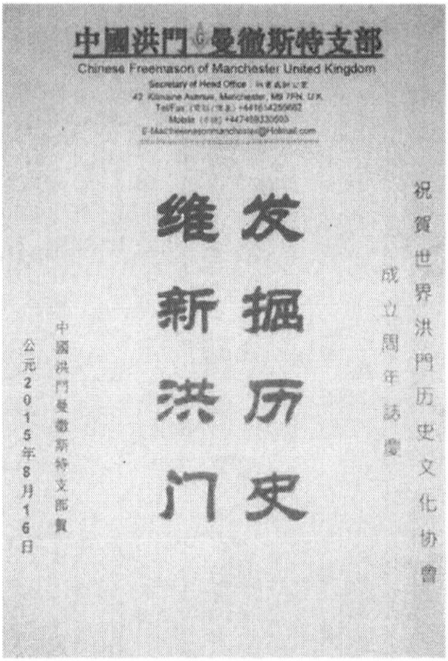

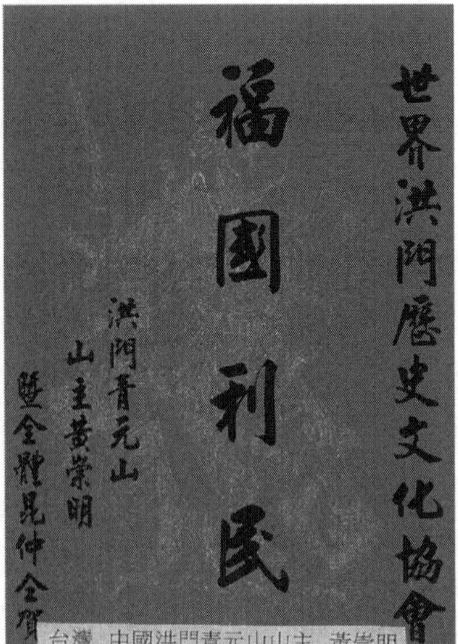

台灣　中國洪門青元山山主　黃崇明

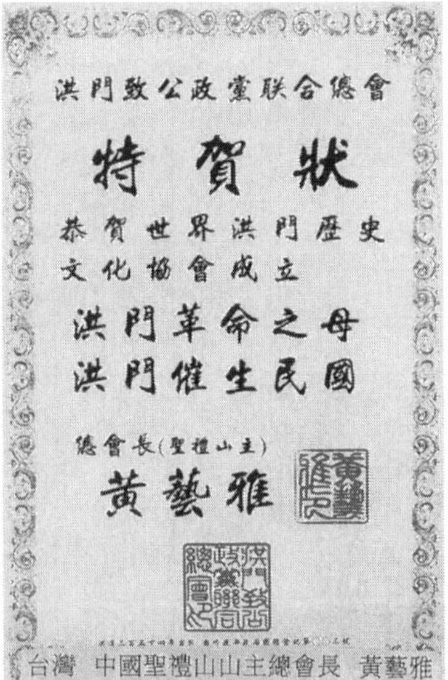

台灣　中國聖禮山山主總會長　黃藝雅

世界洪門歷史文化協會誌慶
宏揚義氣
洪門英仁山山主 陳昺成
全體昆仲 敬賀

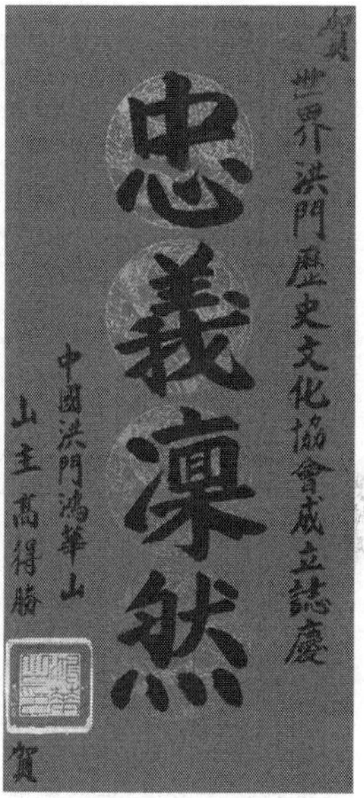
賀
世界洪門歷史文化協會成立誌慶
忠義凜然
中國洪門鴻華山
山主高得勝
賀

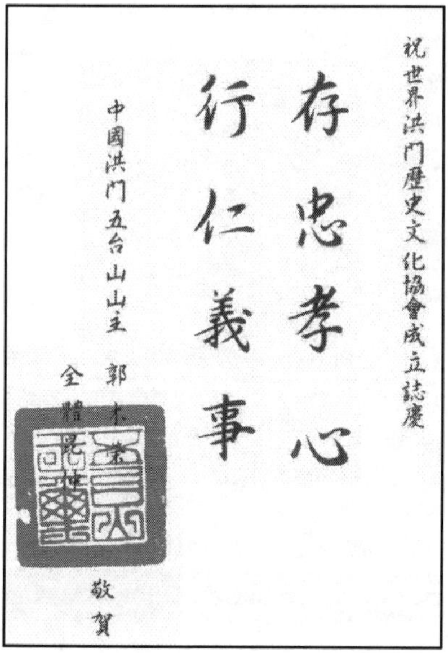
祝世界洪門歷史文化協會成立誌慶
存忠孝心
行仁義事
中國洪門五台山山主 郭木堂
全體昆仲
敬賀

祝世界洪門歷史文化協會成立誌慶
行仁尚義
洪門光輝
台灣洪門網路總會總會長
全體昆仲
敬賀

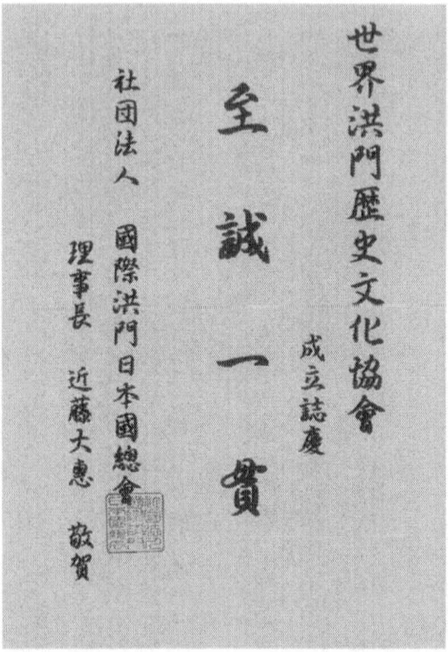
世界洪門歷史文化協會
成立誌慶
至誠一貫
社団法人 國際洪門日本國總會
理事長 近藤大恵 敬贺

至誠恭賀
世界洪門歷史文化協會
成立典禮
8-10-2015
弘揚洪家
忠義両全
印尼峇淡宝興山敬贈
BATAM

至誠恭賀
世界洪門歷史文化協會
成立典禮
8-10-2015
洪門傳承
源遠流長
印尼峇眼亞比宝壽山敬贈

至誠恭賀
世界洪門歷史文化協會
成立典禮
8-10-2015
洪家合心
振興華夏
印尼利芭咸五祖廟敬贈

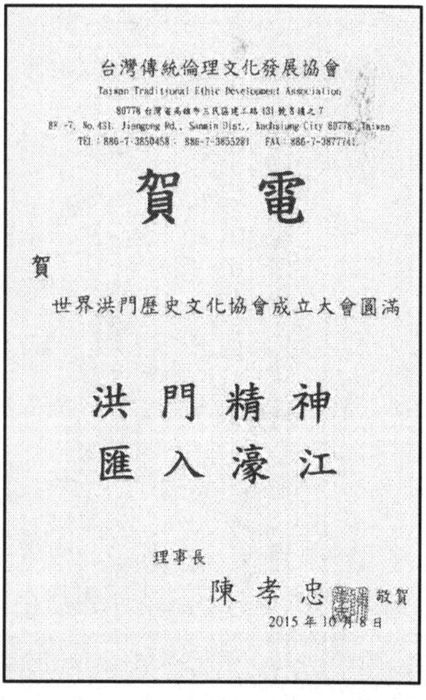
台灣傳統倫理文化發展協會
Taiwan Traditional Ethic Development Association
80778 台灣省高雄市三民區建工路431號8樓之7
8F.-7, No.431, Jiangong Rd., Sanmin Dist., Kaohsiung City 80778, Taiwan
TEL：886-7-3850458；886-7-3855281 FAX：886-7-3877741

賀 電

賀

世界洪門歷史文化協會成立大會圓滿

洪 門 精 神
匯 入 濠 江

理事長
陳 孝 忠 敬賀
2015年10月8日

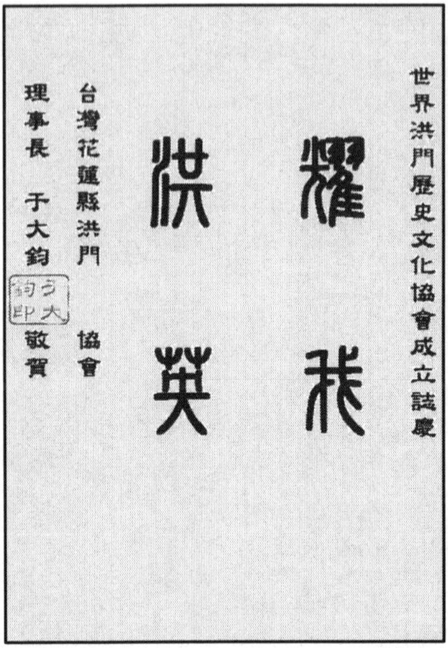
世界洪門歷史文化協會成立誌慶
洪英
台灣花蓮縣洪門協會
理事長 于大鈞敬賀
于大鈞印

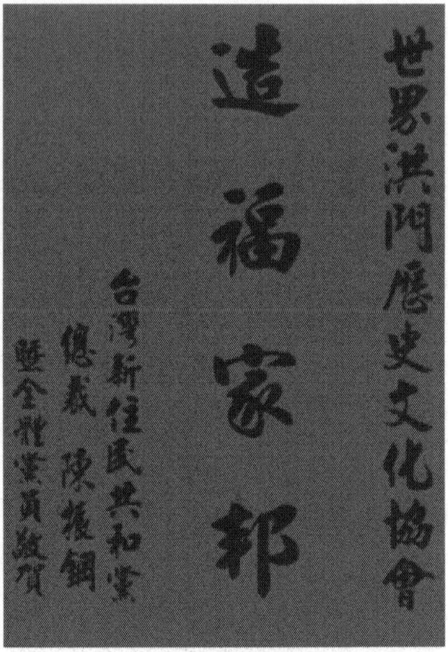
世界洪門歷史文化協會
造福家邦
台灣新住民共和黨
總裁 陳振鋼
暨全體黨員敬賀

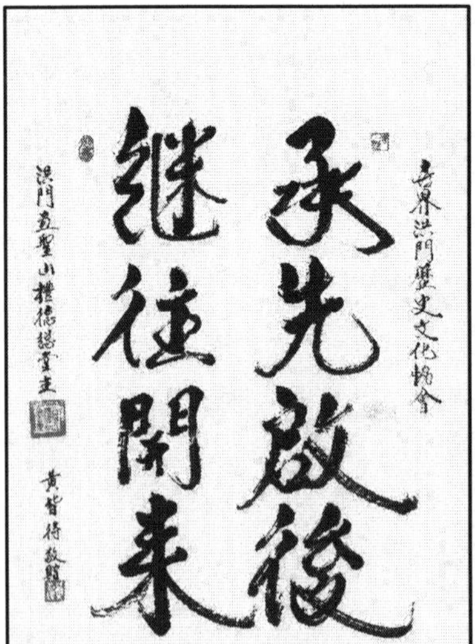
世界洪門歷史文化協會
承先啟後
繼往開來
洪門五聖山禮德總堂主

世界洪門歷史文化協會成立誌慶
養浩然正氣

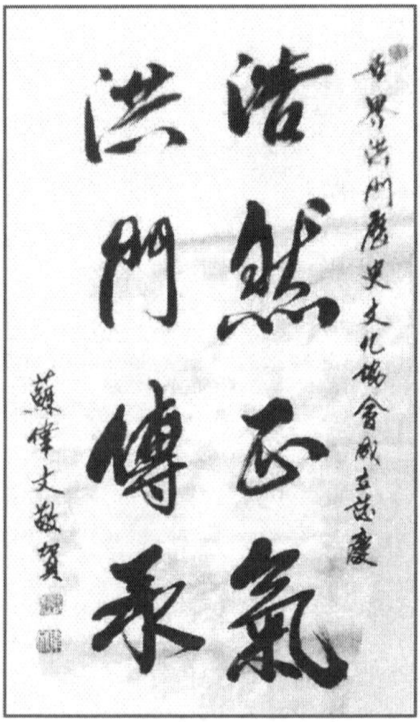
世界洪門歷史文化協會成立誌慶
浩然正氣
洪門傳承
蘇偉文敬賀

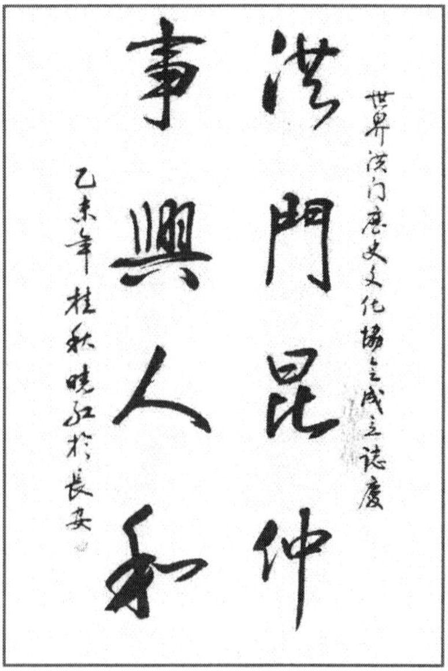
洪門昆仲
世界洪門歷史文化協會成立誌慶
事興人和
乙未年桂秋曉紅於長安

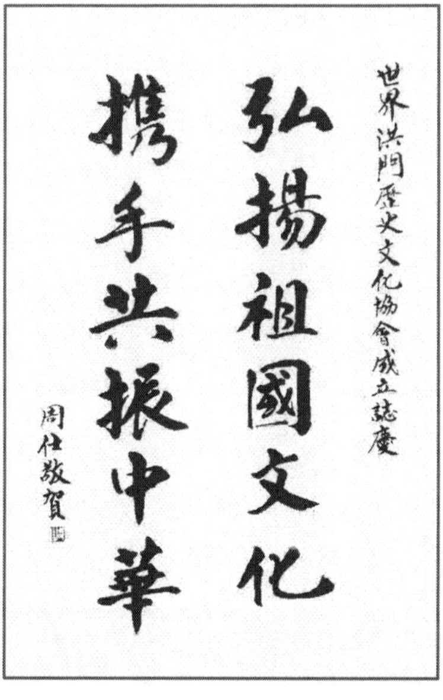
世界洪門歷史文化協會成立誌慶
弘揚祖國文化
攜手共振中華
周仕敬賀

世界洪門歷史文化協會成立誌慶
義正仁心
肖美玲敬賀

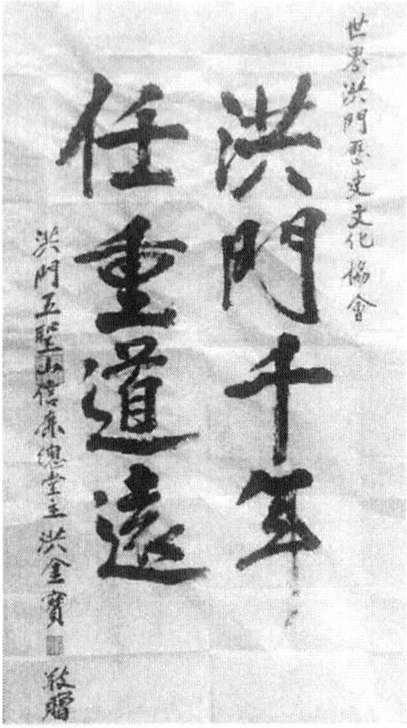
世界洪門歷史文化協會
洪門千年
任重道遠
洪門五聖山信康總堂主 洪金寶
敬贈

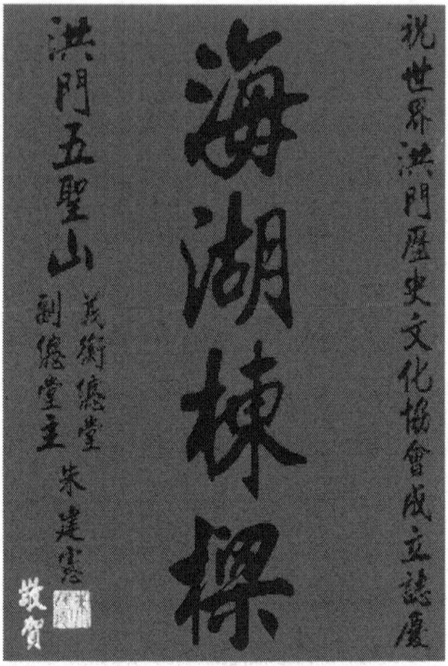
祝世界洪門歷史文化協會成立誌慶
海湖棟樑
洪門五聖山 義衛總堂
副總堂主 朱建
敬賀

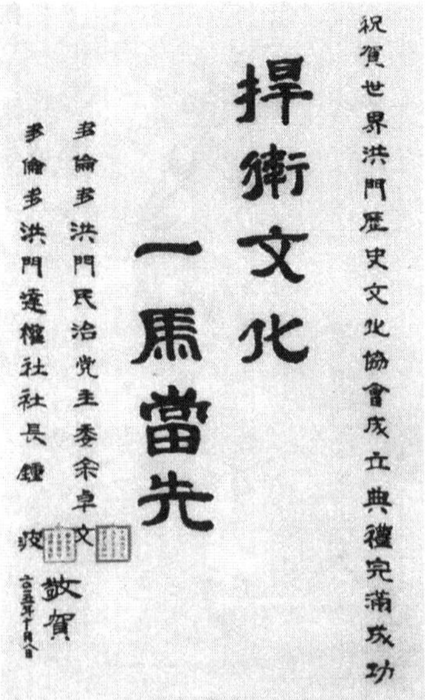
祝賀世界洪門歷史文化協會成立典禮完滿成功
捍衛文化
一馬當先
多倫多洪門民治党主委余卓文
多倫多洪門達權社社長鍾
敬賀

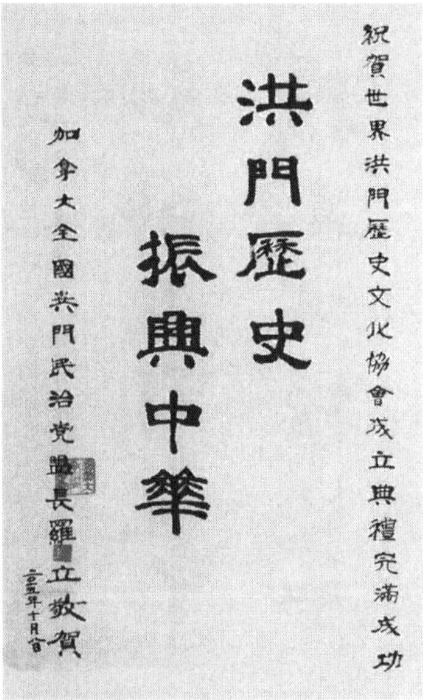
祝賀世界洪門歷史文化協會成立典禮完滿成功
洪門歷史
振興中華
加拿大全國洪門民治党
長羅立 敬賀

敬祝　世界洪門歷史文化協會
成立誌慶

忠義千秋

俠義長存

美國孫中山國際基金會
總主席　王可富　敬賀
二〇一五年十月七日

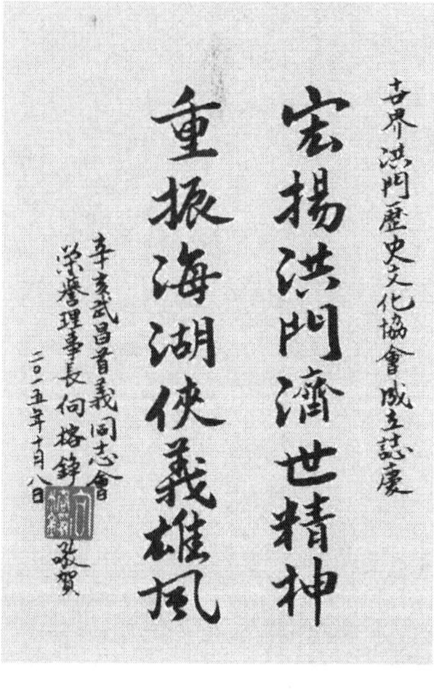

世界洪門歷史文化協會成立典禮誌慶

宣揚民族精神

阿根廷洪門協會總會長
吳國隆　敬賀

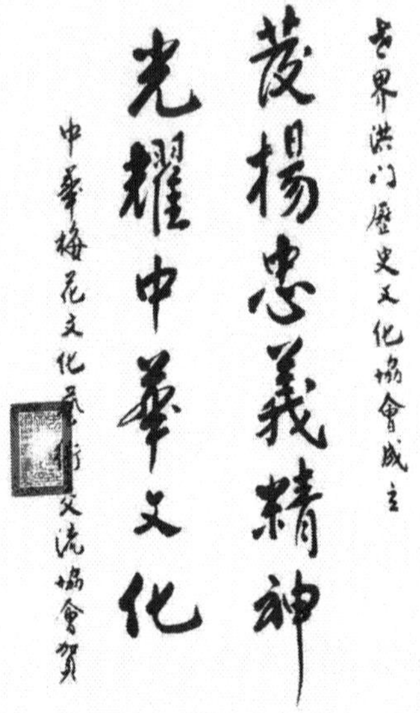
世界洪门歷史文化協會成立
發揚忠義精神
光耀中華文化
中華梅花文化藝術交流協會賀

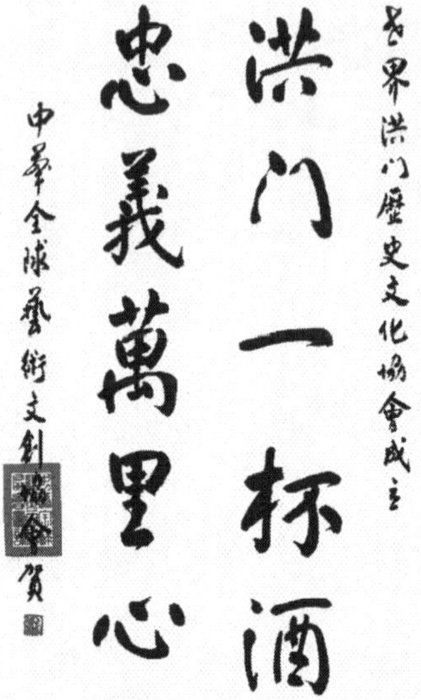
世界洪门歷史文化協會成立
洪门一杯酒
忠義萬里心
中華全球藝術文創協會賀

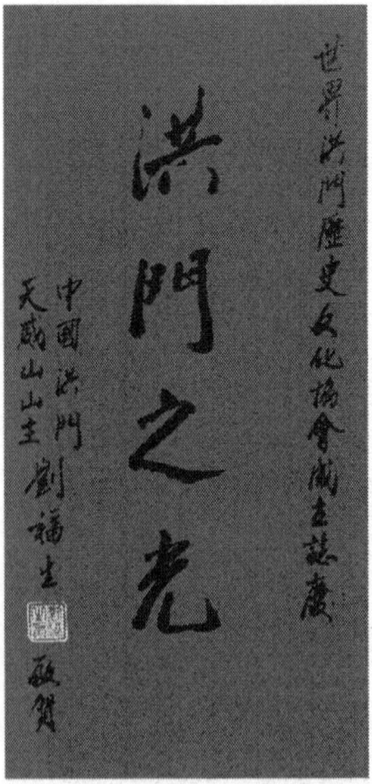
世界洪門歷史文化協會成立誌慶
洪門之光
中國洪門
天威山山主 劉福生 敬賀

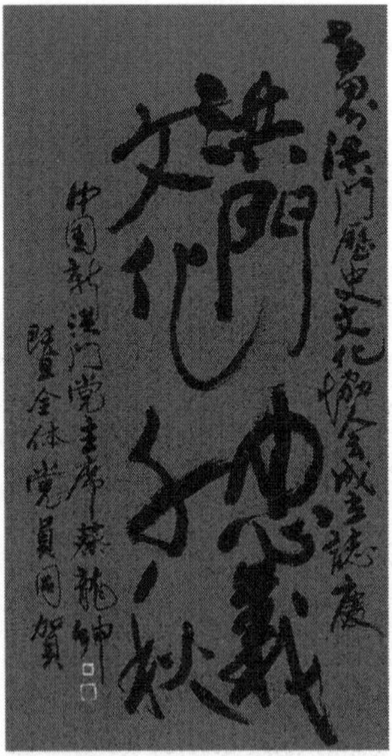
世界洪門歷史文化協會成立誌慶
洪門文化
忠義千秋
中國新洪門黨主席蔡龍坤
暨全体黨員同賀

洪門頌

中華忠義同志會祝賀代表團 敬獻

大哉洪門，忠義為本，天地立心。創始宗旨正大光明。驅逐韃虜，光復大明。都邑華夏號令嚴明，聚集忠義，廣納孝門。盡忠報國，赤膽忠心。

偉哉洪門，任俠仗義，劍膽琴心，義襄國父再造中興，廣結宇內志士仁人，捐資出力旨為中興，南洋四海捐獻有憑。義無反顧，慷慨捐軀。聲振寰宇，名垂丹青。

正期整經軍武，百廢待舉，不期倭寇犯境，大軍南侵，洪門兄弟義憤填膺，戰袍未卸，義旗再舉，共赴國難，慷慨捐軀。前仆後繼，為民先驅。拋家棄子捨死忘生，甘為國殤，拋卻名利，八年苦戰，終告勝利，海不揚波，貢慶昇平，華夏中興喜託洪門，義幫永駐螽斯衍慶。同欽共仰謹為之頌。

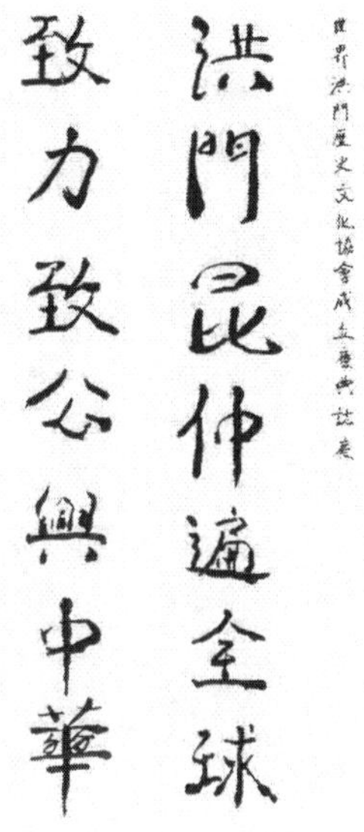

世界洪門歷史文化協會

洪門昆仲
事興人龢

論洪門歷史文化與開創未來新使命

光輝燦爛的金秋十月，桂香飄逸，秋高氣爽的時節，很高興在澳門這天殊勝的黃道吉日，和海內外洪門昆仲及華僑，華人，及各位領導，貴賓等齊聚一堂，共同慶賀“世界洪門歷史文化協會”的成立典禮，及舉辦“洪門歷史文化論壇”以及“順應時代潮流，探討一帶一路，復興中華的新使命”研討會，本弟在此向各位蒞臨共襄盛會的海內外領導，先進及好朋友們，致上最誠摯的敬意及謝忱！

洪門的歷史、代表人物及事蹟

本協會顧名思義，是洪門歷史文化的研究，探討及交流為主，“團結”為目的，共同研究近 400 年中華傳統文化的近代史，有先知説沒文化的國家比亡國還慘，猶太人曾沒國家，但堅守猶太歷史文化，終於建立了以色列國，由此可知文化是何等的重要，因此必須專注研究“洪門”歷史文化。

洪門起源於西元 1644 年明崇禎 17 年，張獻忠作亂，李自成圍攻北京，崇禎皇帝於皇宮後面的煤山自縊，明朝亡國。吳三桂引清兵入關造成揚州十日，嘉定三屠之歷史悲劇。明末遺臣大儒殷洪盛為首、顧亭林、王船山、傅青主、黃梨洲、朱舜水等先賢深感亡國之痛，乃隱身用文字來激發民族大義，暗播革命學說，將「復社」、「饗社」、「三湖諸社」、「東越諸社」、「南湖九子」、「西湖八子」等復古學社合併改組為「漢留」組織，即為後來「洪門」社團，其意為保留漢民族根基，取“漢”字，失去中土為“洪”之意，又稱“三八廿一”的暗語密稱。

洪門各階段代表人物

1. 鄭成功：高舉反清復明旗幟，於順治十八(1661 年)成立洪門第一個山堂“金臺山明遠堂”又說(明倫堂)。
2. 陳近南：湖北人康熙十三年紅花亭聚義大會，開山立堂。
3. 蘇洪光：康熙三十七年群龍無首，蘇死而復生奉達摩諭，眾推為主率領三合軍反清，又另立社團尊達摩，辦漕運握糧權為(清幫)。
4. 朱一貴：康熙六十年於鳳山起義，攻下臺南府城，最壯烈犧牲最多的起義。
5. 林爽文：彰化人於乾隆五年(1786 年)彰化起義，攻下達淡水。
6. 洪秀全：廣東人姓鄭，隨從洪德元傳教術改姓洪，道光三十年起事，號太平天國。咸豐元年起義，攻入南京定都改為天京，前後計十四年，失敗後部將逃至海外，南洋、美洲等各地發展。

7. 孫中山：於 1903 年 11 月 24 日於檀香山國安會館加入洪門，1904 年重訂洪門宗旨「驅除韃虜，恢復中華，創立民國，平均地權」在洪門昆仲拋頭顱，灑熱血的犧牲奉獻，終於推翻滿清。建立中華。

世界各地洪門的概況

1925 年中國致公黨（舊金山致公總堂）

台灣：國際洪門中華民國總會(2003 年核准立案)、

忠義致公黨、中國新洪門黨(2011 年 10 月核准成立)

東南亞各國：

新加坡：洪義順(金蘭樂齡互助聯誼會)

（義興公司、海山公司、和生公司、華生公司）

印　尼：蘭芳公司（1777 年 ~1888 年）、公善社(洪義順)、

1965 年全部華人社團均被取締

馬來西亞：金蘭武術健身總會（1948 年政府宣佈取締共產黨包括 洪門在內的組織）、義益福利總會沙巴公司、義和社、一點紅、義洪英、義合和、洪龍虎、龍虎堂

菲律賓：

一、1910 年洪門進步黨(義福堂)

二、1900 年洪門致公黨

三、1932 年洪門秉公社

四、1922 年洪門竹林協義總團

五、1929 年洪門協和競業總社

六、1935 年中國洪門聯合總會

緬　甸：

一、和勝總堂（長房)(仰光洪門青蓮堂和勝公司)

二、1852 年洪順堂（二房）（廣東公司）

三、家後堂（三房）（大洪山抱冰堂）

四、參太堂（四房）（五侯公）

泰　國：興漢會（松柏軒）

東北亞：

日　本：

一、2005 年於日本千葉印西市成立洪門日本龍義總堂

二、2011 年於東京秋葉原合法登記成立國際洪門日本國總會

三、2012 年於東京秋葉原合法登記成立日本國新洪門總會。

北　美：

美　國：

1852 年舊金山五州致公總堂（義興公司）

1859 年檀香山國安會館（同興公司）

1888 年費城義興會堂。

紐約美國洪門致公總堂（義興會、聯義堂）

1892 年檀香山致公總堂（保良社改為義興總會）

加拿大：

一、1862 年洪順堂（在卑斯省開山立堂）

1882 年改為致公堂現為洪門民治黨

二、1916 年達權總社（大漢公報）

中南美：

哥斯達黎加：民治黨

尼加拉瓜：民治黨

阿根廷：致公堂

多明尼加：致公堂

古　巴：哈瓦納民治黨總部（三合會，致公堂）

牙買加：1887 年京斯敦致公堂

祕　魯：民治黨總支部

巴拿馬：1904 年民治黨（洪門致公黨）

歐洲。南太平洋：

澳大利亞：1946 年墨爾本洪門民治黨總部、（1897 年致公堂）、雪梨致公堂

紐西蘭：1975 年致公堂宣佈解散，拍賣產業分給六個社團持續發展。

英　國：英國致公堂。 利物浦致公堂

法　國：法國巴黎致公堂

大溪地：1935 年大溪地致公堂

港　澳：

澳　門：世界洪門歷史文化協會

香　港：香港致公協會

以上為世界各地洪門組織的概況（如有疏漏或誤植，請海涵恕過！）

台灣洪門組織及正名的歷程

台灣洪門自蔣介石先生遷台後，礙於國防情資機密及政權鞏固方便控管，在台採取強烈壓制手段，尤其對洪門組織，特別加以監控管制，以防和大陸洪門昆仲往來互通情資，據內部消息透露，當時洪門為列管第一號，比其他反動或幫派組織管制更加嚴重，因此在臺灣過著約四十年地下神秘組織。為要合法正名立案，雖然之前有洪門昆仲用其他名稱，例如忠義，致公，社會福祉或福利事業等名稱申請下來，但始終未能拿到“洪門”二字的正名，自從國際洪門及中國新洪門黨努力爭取核准後，政府單位才有大幅度的改變，准許其他單位申請，如高雄中華全球洪門聯盟及各地區洪門發展協會等，各項儀規，儀式也可公開的進行活動。

目前臺灣山頭計有二百多個，但實際有在運作的約四分之一，其中有些有待整頓或改組，主要是無新方向及無新使命，又缺乏經濟來源，加上年事已高，畢生心血捨不得放手，又後繼無賢人，無法繼往開來。希望今後藉此平臺成立之契機，精勵圖治，群策群力，無私奉獻，調整制度，貫徹糧台機制，學習社團或會、黨實施任期制，才能新陳代謝，注入新的優秀人材，導入新的正能量，同時鼓勵有能力的人，出去開山立堂（黨）遍地開花，使忠義精神能更正面擴張，發揚光大促進洪門大團結，貢獻社稷及社會，否則最後恐怕只有面臨萎縮，消失凋零的困境。

中國新洪門黨概況及使命工作

本弟在擔任國際洪門理事長任內適逢辛亥革命百週年前一年，為紀念辛亥百年，緬懷先烈，先賢及傳承孫中山先生的遺志，本弟和洪門昆仲加上志同道合的同志更具體的行動，創立“中國新洪門黨”以完成孫中山先生的遺志，促進中華民族和平統一大業。歷經七個多月的努力下成立。

中國新洪門黨的宗旨係以發揚洪門之忠誠、義氣、公正的精神，結合相同政治理念之同志，來形成國民政治意志，促進國民政治參與為目的之民主政黨。任務係以“力行人道保護、推舉賢能參政、積極社會服務、增進全民福祉、兩岸和平交流、促進經濟繁榮、民主自由平等、創造世界大同”為目標。迎合新時代的潮流，朝向現代化的民主政黨，與社會的脈動同步共創未來，發揮同舟共濟，忠義仁愛之風，建立安和樂利，祥瑞進步的社會。

全球華人休戚與共，本黨將以新思維、新理念，新使命開展新洪門的發展，與全世界洪門昆仲及華人，華僑組織進行良性交流與結盟合作，互信互助，精誠團結，擘劃未來，廣納先進具前瞻性與務實性之卓見深入研討，充實黨務內涵與價值，以喚起全球華人廣泛的參與投入，為國家，民族盡心盡力，為兩岸四地及世界的和平發展作出貢獻，以完成孫中山先生的遺志而努力。

世界洪門歷史文化協會成立及未來新使命

“世界洪門歷史文化協會”，宗旨是：忠心熱愛中華民族，傳承辛亥革命歷史文化。以“天下為公，世界大同”之忠心義氣的洪門精神，研究近 400 年來洪門的歷史文化，組織世界各地華僑華人及洪門昆仲進行文化交流，以及在“一帶一路”的大建設中，數個經濟特貿區的建設發展，兩岸四地交流間仍擁有很寬大的空間及潛力，但要如何深化兩岸全方位的交流，如何消除在交流過程中的種種障礙，這些均有賴本協會作平臺，同時可發揮此平臺的最大效益，啟動兩岸四地及各國之間紐帶的特殊動力及潤滑作用，共同集思廣益腦力激盪，精誠團結海內外洪門昆仲及華僑華人，相輔相乘促進全面性的經濟繁榮，宏揚中華傳統文化，為推動國家的和平統一，中華民族的偉大復興作出貢獻，讓全民“共圓中國夢”。

結　語

透過此次協會成立的契機，來自世界各地的洪門昆仲及貴賓，能齊聚一堂作深入的聯誼，交流，研討，對未來是有很大的助益，特別是對洪門的發展及團結，能互相探討，訂定努力的目標，及各地昆仲能輕易達成的方案，今後的發展方向，以及爾後能訂定期性的聚會或聯誼研討會，如此才能具體落實，對今後的聯系和團結，對兩岸的和平統一，以及如何整合接軌“一帶一路”的工作，均有實質的幫助，進而促進世界和平，創造全人類幸福美滿，將是這次活動最大的效果與收獲。

最後敬祝所有來自海內外的貴賓，洪門昆仲們。

大家身體健康！吉祥喜樂！闔家平安！

中國新洪門黨主席

蔡龍紳

2015 年 10 月吉日

【致 辭】

十月的澳門，金風送爽，秋桂飄香，今天，來自海內外的洪門人士相聚澳門，共同見證我們“世界洪門歷史文化協會”在澳門特區成立，同時舉辦“順應時代潮流，探討一帶一路，復興中華的新使命”為主題的研討會。我們共襄盛舉，共同探討洪門的精神詣旨，解讀洪門精神的時代價值和現實意義。在這裡，請允許我代表“世界洪門歷史文化協會”全體同仁對出席盛會的各位貴賓、洪門同道、好朋友們的蒞臨表示熱烈的歡迎和最真摯的感謝！

“洪門”起源於明末清初 1674 年，至今已經有 336 年歷史，是明末大儒顧亭林、黃梨州、王船山等人，為保存民族大義的「漢留」組織，所謂「漢留」是指為大漢民族留下根基的組織，在當時即是為反清復明而創立的民間組織。洪門自始至終強調“忠義”，維護著中華民族。“洪門”昆仲全球有一千多萬人，主張中華民族不可以分裂，和平、和諧、統一是洪門的最終目標。

依「洪門」內部的歷史文獻指出，光緒二十五年（一八九九），北方義和團之亂，引起八國聯軍之役，清廷無暇之際，興中會邀集長江哥老會、廣東三合會首領在香港舉行聯合會議，鑒於民族存亡在即，深感舊式會黨不能再獨守故態，於是決議三合會、哥老會、興中會三會合而為一，別組興漢會，在革命先賢的統領下，興漢會的成立，就是革命黨的具體成功，洪門正式加入革命的行列。洪門昆仲是不限任何宗教、黨派、地域、地位，只要符合具有忠義精神的規定都可加入，因此，洪門擴及的層面相當廣泛，上至達官貴人、下至販夫走卒，都可能是洪門昆仲，但無論如何，只要是洪門昆仲就必須一切以國家為重，以國家利益為優先，這是現代洪門昆仲不可違背的主要戒律之一。

洪門作為已有 300 多年歷史的全球歷史最悠久的愛國團體之一，歷經黃花崗起義、武昌起義、辛亥革命、到抗日戰爭，都有洪門革命志士為國家、民族拋頭顱，撒熱血的光輝過往。

今年世界各地都在紀念抗戰勝利 70 周年。70 年前，無數英烈用鮮血和生命換來的勝利，奠定了中國乃至全世界的和平與繁榮。我們在此紀念這段偉大的歷史，既是為銘記先輩們為中華民族立下的偉大功勳、為世界人民作出的偉大貢獻，也是為傳承和弘揚苦難中孕育出的偉大抗戰精神。海外廣大華僑特別是眾多洪門組織成員中蘊藏著豐富的革命潛力，是革命的依靠力量之一。

洪門黨人為中國革命做出了諸多貢獻，出現了許多可歌可泣的英雄事蹟。辛亥革命前，曾先後發動了十次武裝起義，歷次起義所需購買槍支、彈藥的經費，創辦報刊等宣傳經費，以及革命領袖奔走各地的車旅費和生活費，很大部分是海外洪門組織及其成員以及華僑所捐贈。據不完全統計，1910 年至 1911 年，革命黨人所得到的海外捐款約 20 萬美元。

辛亥革命時期，海外洪門組織和華僑不僅在經濟上給國內革命以巨大的支援，許多洪門成員還不遠萬裏回到國內，不惜流血犧牲，親身參加推翻滿清封建王朝的武裝起義，為結束中國數千年君主專制的統治，創建民國，做出了巨大的貢獻。

“一帶一路”的底蘊正是古絲綢之路文化。其精髓是“和”文化，即在平等、和平、交流、理解、包容、合作、共贏文化認同框架下的經濟合作。“一帶一路”戰略把實現中華民族偉大復興的“中國夢”和沿途國家人民追求美好生活的願景結合在了一起。2014 年中國國家主席習近平在第七屆世界華僑華人社團聯誼大會上所指出的，“在世界各地有幾千萬海外僑胞，大家都是中華大家庭的成員。長期以來，一代又一代海外僑胞，秉承中華民族優秀傳統，不忘祖籍，不忘身上流淌的中華民族血液，熱情支援中國革命、建設、改革事業，為中華民族發展壯大、促進祖國和平統一大業、增進中國人民同各國人民的友好合作作出了重要貢獻。”建設“一帶一路”是一項艱巨的系統性工程，需要我國交通、外交、商業、文化等相關部門的通力合作，更需發揮華僑華人這一獨特優勢資源。借助于新絲綢之路，海外華人不斷擴大的商貿及知識網路有助於中國企業、商品走出去。

“洪門”，這個具有三百多年悠久歷史的名詞，而在現代社會中，它留給人們的印象，只是一個傳統而帶有濃厚江湖色彩的秘密組織；此外，它也擁有著令人敬佩的評價：「洪門」是近代史上的一個自發性的民族革命團體，它的鮮明旗幟「反清復明」，足以說明洪門弟兄心懷的大志，以及所懷有的高度的愛國情操。

忠義是洪門一脈相承的核心精神。洪門不但是中國社會重要的文化資產，也是全球華人依重的忠義文化資產。全球洪門聯盟始終戎慎恐懼，也無時無刻都以忠義精神準則、作為自我期許和鞭策。忠義大道上，洪門不停頓壯大聲勢，人人忠義團結。當時代選擇了洪門，洪門兄弟就沒有退縮的權利，當全球華人認同，需要，我們就必要“開創洪門維新”力爭上游。紀念辛亥百年舞臺上對聯寫著“幾百年洪門無非忠心、第一等兄弟就是義氣”。希望我們在座的同根同源的每一位洪門志士發揮洪門昆仲的優勢和作用，繼承優良傳統， 踐行自身宗旨，發揚洪門愛國愛鄉傳統，堅決反對一切分裂國家的圖謀. 凝聚愛國力量，促進祖國統一，未來在共推“一帶一路”等大的歷史背景下，洪門志士應該大有作為，為實現中華民族的偉大復興作出應有貢獻。

再次衷心感謝諸位蒞臨本次盛會！敬祝大家身體安康！事業成功！闔家歡樂！

世界洪門歷史文化協會

吳利勳

2015 年 10 月吉日

【寄 語】

尊敬的各位領導、各位朋友、各位來賓、各位來自世界各地的洪門致公兄弟姐妹們，“世界洪門歷史文化協會”的同仁，大家好！

2015 年 10 月 29 日是“世界洪門歷史文化協會”成立典禮的好日子，世界洪門歷史文化協會是經澳門特別行政區政府批准的一個合法社團組織。欣逢澳門特別行政區成立十六周年，本會將以“愛國愛澳”的理念，旗幟鮮明，腳踏實地，積極進取，促進澳門經濟多元化發展，正確協助特區政府構建和諧社會而努力。

今年是反法西斯抗戰勝利七十周年的日子，我們要牢記歷史，展望未來。洪門歷史歷經近四百年，洪門的相關體系是目前在全球海外華人華僑人數眾多的團體組織，洪門在中國的歷史上有著“可歌可泣”的故事，在近代的革命抗戰鬥爭中有著光輝的一頁。在國家危難之際，辛亥革命時期孫中山先生提出“驅除韃虜、恢復中華”振奮國人奮勇抗戰，洪門昆仲此時在孫中山先生的引導下，在辛亥革命的鬥爭中功不可沒。尋訪研究洪門歷史文化，本會將正確公正地去探討洪門的歷史，積極與世界各地洪門組織廣泛交流。

新中國在共產黨的領導下，經過了六十多年的建設和發展，政治穩定，經濟繁榮，國際地位日益提高，成為世界上舉足輕重的強國之一，讓海外華人華僑、海外同胞得以揚眉吐氣，這是積弱了數百年而夢想不到的。祖國統一、振興中華、建設“一帶一路”支援國家的建設，是洪門昆仲應盡的一份責任和義務。現在有越來越多的世界各地洪門團體到祖國大陸進行觀光考察，並投資興辦企事業。值此“世界洪門歷史文化協會”成立之機，希望全球洪門致公昆仲能團結一致為國家多作貢獻！

最後，謹向支持今次典禮活動的國內外官民賢達致以衷誠的感謝！願天下洪門致公的兄弟姐妹們，要熱愛祖國，四海一心、肝膽相照、為國家民族盡忠、為人民盡義、勇於挑起時代賦予的重任，為國家統一大業、為“一帶一路”的建設、為振興中華實現“中國夢”而多作貢獻！並祝賀“世界洪門歷史文化協會”會務昌盛，祝福各位兄弟姐妹身心健康、家庭和樂、萬事勝意！

謝謝大家！

世界洪門歷史文化協會
朱顯龍
二零一五年十月吉日

附件三　中國洪門民治黨的興衰

——司徒美堂與洪門一段黨史

一、反清復明一段歷史

中國洪門民治黨，前身原為海外華僑一種會黨組織。據云自民國十二年，即已開始醞釀，幾經演變，至中國對日抗戰勝利後，三十五年八月，始在上海正式宣告成立為「中國洪門民治黨」，簡稱「洪民黨」。考其淵源，雖具有較長的歷史；但若加該黨自稱：「已有三百餘年的奮鬥歷史」。

洪門，世人亦稱紅幫。蓋當滿清入關，明社覆亡之後。明季遺老，志士仁人，一部分則著書立說，闡揚民族大義，鼓盪「反清」思潮。如顧炎武、黃梨洲、王船山、李二曲、顏習齋、傅青主諸先賢，皆為思想上的領大人物。一部分人士，不甘受滿清奴役壓迫，則深入社會下層，秘密結社，發為「復明」革命運動。他們有一個共同的目的，就是「反清復明」或「復明滅清」。此類秘密結社極多，如白蓮會、三合會、哥老會等，皆其著者，勢力亦最大。章太炎先生曾說：「哥老、三合，專務掃除胡貉」（指滿清）。由明末以迄清亡，歷史上有許夕可歌可泣的故事。

幫會既為明末仁人志士圖謀復國的秘密結社之一，其所造成洪門初期反清復明的革命運動，光輝史乘，國人多能道之。而洪門的組織活動，在滿清康熙、乾隆而後，則益見擴展。對於國家民族之貢獻，尤非淺尠。不過洪門的創始者，究係何人？傳說亦不一其詞，有謂為「姓洪名金蘭者」所創立，似較合情合理．因為以後几入會者，均謂之「洪家兄弟」。其後，國父孫中山先生，領導中國革命。洪門兄弟參加者既多，孫先生為團結革命勢力，且親加入哥老會的組織。哥老會為尊敬孫先生，亦榮封之為「洪棍」（元帥之意）。成了中國革命史上的佳話．滿清進關，入主中華以後，以少數滿人，統治大多數的漢族。所採取的專制政策，雖各朝略有不同；但都離不開「高壓政策」。為維護其既得的政權，乃嚴制決律，禁止一切集會結社。因而所有集會結社，無論有無政治色彩，其組織、活動與領導人物，無一而不秘密。正因為是秘密性的，所以在社會上潛伏的勢力與作用，反而比較深厚。當時雖非政治性的結社，後來反多政治上的表現，成為

近代中國革命的推動力量。洪門，也就是這樣的一種組織·

二、海外發展贊助革命

洪門，以「復明滅清」為目標。最初由於滿清實施高壓政策，而未能實現。反之，滿清王朝的政權，則因之而日趨穩固。以致洪門號召的反清起義，亦日益困難。經時既久，洪門人士，便多汨沒銳氣，移其本性，漸漸消失了「復明」的思想。一部分人士，反被滿清統治者所利用。如光緒二十六年（庚子）所發生之「扶清滅洋」《滅清變為扶清）的「義和團運動。」就是滿清統治者，利用部分洪門兄弟所發動的傑作。另一部分人士，後來則被世人指責：走入不正當的途徑——恃賭博劫盜為業。無論其是否別有懷抱？或為工作上的掩護；或為舉義而籌集資金；多少都是洪門過去光榮的損失。

不過最大部分的洪門兄弟，卻始終保持清白，不忘民族大義。則成了近代中國民族革命與民主革命的原動力·其最著者，乾隆五十一年（一七八六），林爽文臺灣之役。嘉慶十四年（一八〇九），胡炳無江南之役·道光十二年（一八三二），兩廣湖南之役。道光三十年（一八五〇），洪楊之役。光緒二十四年（一八九八年），李主亭、洪振年廣西之役。洪楊革命失敗後，楊輔清率同志遠走美洲·黃德滋率同志遠走澳洲。其他兄弟奔避南洋各地者，為數尤眾，在海外遍設洪門團體，革命影響與勢力，亦日益廣擴。國父孫中山先生，初期革命，奔走海外，在擅香山加入洪門，所得海外洪門精神與物質之援助者，更著功效。如當時美洲及南洋各地，洪門設置籌餉局，資助革命，即其一端。廣州黃花崗之役，七十二烈士為國殉難，內中以洪門志士犧牲者為最多。事變之後，美洲洪門團體，再接再勵，捐助鉅款，接送同志至日本及南洋各地，繼續其革命工作而未中輟者，何莫非洪門兄弟之力。是故清季末年，革命的秘密組織：興中會、華興會、光復會，以及由三會合組之中國同盟會，無一沒有海內外的洪門兄弟參加。辛亥前後，十多次的革命舉義，前仆後繼，洪門兄弟之犧牲貢獻，尤為壯烈！此皆載諸史冊，可以稽考者。

三、司徒美堂變「會黨」為「黨」

中國辛亥革命之成功，海外華僑，出錢出力，貢獻自然很大；但在海外之發縱推動者，則多為洪門兄弟，也是值得讚揚的，洪門在海外的發展，以太平天國運動失敗後，許多洪門志士，避難海外時為最盛。歷史相沿，洪門在海外的組緻，約有四種，一為致公堂；二為金蘭公所；三為達權社；四為洪順堂。這四大組織，活動最力者，則為「致公堂」。其他三種組織，卻不太出色。美洲洪門「致公總堂」，有意使「堂」蛻化為「黨」。曾稱早於民國十二年雙十節日，在美國舊金山，召開「全球洪門代表大會」時，已經決定改組「致公堂」為「民治黨」。其用意不外：一、認為幫會之「堂」，不類政黨之「黨」未便插足於政治；二、則為其「改堂為黨」，增加歷史註腳，後來之「洪門民治黨」，則由來有自。「民治黨」當時由美洲僑領陳競存、唐冀賡分任第一任正副主席。陳、唐逝世後，則改推僑領司徒美堂為主席，負責領導該黨，推動黨務工作。不過該黨，終因組織未臻健全，不被華僑所重視。加以缺乏可資號召的基本的政綱政策，不能發生影響作用。以致多年以來，有名無實，徒具形式上的組織，而無工作成績的表現。

對日抗戰勝利前後，因緣時會，國內政治黨派叢生。司徒美堂見有機可投，亦政治興趣大發。乃舉起「民治黨」的招牌，回國積極展開活動。原來由「致公堂」蛻化而來的「民治黨」。以幫會而搞政治，許多華僑，皆不發生興趣。以致「民治黨」，雖成立有年，亦因之而默默無聞。至此，司徒美堂始覺「民治黨不如致公堂之有號召力量」。遂於三十四年三月，在美國紐約舉行「全美洲洪門代表大會」時，復宣布放棄「民治黨」名義，恢復「致公堂」原名。不過將「堂」改「黨」而已。確定成立「中國洪門致公黨」。黨名再改，則變成了亦黨亦幫會的型態。且成了該黨後來內爭焦點之一。

「中國洪門致公黨」成立以後，為要參加國內政治舞臺的活動，將其總部由舊金山移至上海。仍由司徒美堂任主席，總理黨務。海外各地，則分設總支部及分部。並發表宣言和政綱。其所宣布的宗旨：「統一海內外洪門組織；團結社會勞動羣眾；促進民主政治；安定世界和平」。其對國是的主張：「以省為地方自治單位。反對一黨專政、武力統一與地方割據。在民主聯合政府未成立前，美國應停止訓練與裝備國軍。東北各省區地方政府，應改為聯合政府。並盡速籌備地方普選，建立由下而上的地方自治政府」。該組織由幫會蛻化而為政黨，目的就在從事政治活動；但又沒有自己獨立的政治主張。在無所適從之際，受了左派分子的吹使鼓動：「要發展，必須打破政治現狀，向國民黨爭取！」因此才提出有此「似是而非」的國是主張。與中共、民盟的陳腔濫調，實無多大距離。

四、内部複雜堂黨互爭

中國洪門致公黨成立之初，司徒美堂誇稱：在一千二百萬華僑之中，洪門兄弟約占三分之二以上・易言之，即洪門兄弟在海外者，當在八百萬人以上。國內各階層之中，所遍布的自然更多。這一雄厚偉大的力量，祇惜缺乏統一的組織，統率全部洪門。以致這集體的巨大力量，未能合理發揮運用。因之，司徒美堂於三十五年夏，又企圖以中國洪門致公黨作基礎。一方面發動全球洪門代表同國組黨；一方面要求國內人士成摒私見，全體參加；結合海內外洪門，成立一最大的政黨。本此企圖目的，是年七月二十八日，司徒美堂乃在上海召開一次致公堂全球懇親大會。名為聯絡洪門感情，發展堂務。其真正目的，則為組織一個統攝國內外洪門的政黨，供其個人大展鴻圖於國內的政治舞臺。這次懇親大會，出席代表，計有：美洲代表司徒美堂、趙昱、楊天孚、呂超然，加拿大代表謝志如、朱今石；檀香山代表張鵬一；澳洲代表趙文藻；古巴代表朱家兆；秘魯代表蔡傑則；巴拿馬代表吳克伴；香港代表王志聖、洪少植；印度代表何勁洲；澳門代表陳文川；菲律賓代表麥璧；國內各地代表張書城、駱介子、楊文道等共五十餘人。

洪門會黨，乃社會各色人物之混合體。原是非常複雜的。職業不同，生活懸殊，知識水準更屬不齊。平時的言論行動，既難一致。現在知道了懇親大會所舉行的目的，在開會之前，會場代表，既多議論紛紛，正式開會時，更形成很多爭執。關於「堂」與「黨」問題者，有人主張；「堂」內兄弟，對於政治有興趣者，可以組「黨」；但堂與黨，必須分立，不可混為一體。有人主張：洪門皆兄弟，兄弟「堂」「黨」一家。黨即堂、堂即黨，何必分出彼此。由於對堂、黨名稱問題，爭執不決。於是又引起組黨的目的問題，討論更為熱烈。有人主張：組黨在維護國家正統，協助中國國民黨，擁護國民政府。有人主張：組黨在與各黨派聯合行動，推翻國民政府，建立聯合政府。前一問題，僅為「名」的稱謂，於「實」尚無關輕重。後一問題，則屬於根本的立場，關係著國家前途，非僅洪門而已。

這個問題，乃組黨的根本問題。雙方爭執，各走極端。自然一時不易解決，或許不可能解決。但司徒美堂等，不納眾見，仍一貫獨裁作風，堅決主張：無論眾見如何分歧？阻力如何強大？箭在弦上，組黨乃勢在必行。既不容流產，也不容遲緩。且嚴重其詞說：「如不組黨，即為自取滅亡」。當時出席人士，一方面由於對問題的意見紛歧；一方則由於不滿司徒美堂的強迫作法；以致會議不宣而散，全無結果。代表星散以後，組緻洪門大黨的問題，亦自因之而擱淺了。

五、三度改組分分合合

司徒美堂等，召集全國洪門代表懇親大會，計畫組緻一個洪門全體性的大政黨。因意見紛政，未能實現。但司徒美堂與其親信伙伴，仍然雄心未泯。企圖失之東隅，收之桑榆。改變進行方針，乃有組織「中國洪門民治黨」的醞釀。與此同時，另有一部分「洪門致公黨」的分子，亦因不滿司徒美堂平日的作風，與洪門致公黨之浮而不實。紛紛離黨，加入由國家社會黨（民社黨前身張君勱主持）與民主憲政黨（美國華僑伍憲子主持）合併改組之「中國民主社會黨」。頓使洪門致公黨，有形成瓦解之趨勢。司徒美堂等認為前途可慮！時不可待，乃不顧一切阻撓與障礙，與趙昱、張書城、朱家兆、駱介子等，急起直追，進行組織「中國洪門民治黨」。這可說是由幫會致公堂以來，第三度的改組。

中國洪門民治黨的成立，在所謂特殊（急猝）情況之下！形式異常簡單。該黨於民國三十五年九月一日，在上海招待一次新聞界，報告該黨組織成立經過情形。據司徒美堂說：「本黨於今（三十五）年八月間，在上海舉行第一次代表大會，正式成立。本黨係由有歷史、有組織、有力量之社會團體，聯合組織而成。黨員人數約三百餘萬（實在誇張太甚，反被人誤會為買空賣空）正在辦理重新登記中。此次登記，為求組織更團結、更堅強，故重質不重量。」，並謂該黨決採取正常的民主作風，對於政府及朝野各黨派，均抱著友好至誠合作的態度，公正無私，參與國事。

該黨大會，除選舉中央總部負責人員，推動黨務；及發表官冕堂皇二千餘言的宣言外；並通過政綱六項二十三條。「以內謀人民利益，致國家於富強；外謀全人類幸福，進世界於大同；為最高目的。」綜觀該黨這次所發表的宣言政綱。比其在「中國洪門致公黨」時代，所發表的「對時局主張」，確已進步許多。似已約略看清楚了中國的政治局面，與中共和民盟已見棄於國人。因之，在其宣言和政綱中所表現的，雖都是廣泛的原則性的比較，卻是正氣得多了。沒有過去那些陳腔濫調。

六、國內國外兩派不同

洪門民治黨，於三十五年八月成立以後，便積極展開各地的組織活動。為加強宣傳工作，並在上海設立「洪聲電臺」，出版「民治週刊」，作其傳播機構。同時，因為國內洪門內部複雜。今海外洪門，竟爾反客為主。即都反對該黨及認該黨不足以代表全體洪門。換言之，該黨對外即失掉了洪門兄弟的支持。

這些反對者，主要的有：「洪興協會」負責人張子廉、王知本、鄭子良、陳培德等，表示：「對洪門民治黨的成立，事前既不知悉，事後亦未參加。此事關係整個洪門前途，殊未可以海外洪門，即可以代表全體洪門。並謂：擬在西北活動之中國民生共進黨（在西安成立，樊崧甫等），亦係洪門組織；然尚未以政黨姿態公開出現。擬向司徒美堂等提出要求：該黨改為海外民治黨。否則，不能承認」。又有林有民、劉澄宇、許君甫等，三十五年九月，在上海組織「洪門民治建國會」，聲稱：該會與民治黨，同為洪門：但民治黨係海外洪門致公黨改組而成。民治建國會，為一社會團體，以從事社會建設，增進建國基礎為目標。並無意於政治活動。且亦從未考慮組黨問題。陳其尤等，與司徒美堂、趙昱等，意見不合。在香港仍以「中國致公黨」名義，從事活動。並明白表示不願與該黨合作。

在洪門民治黨內部，亦有多人表示：本黨組織，中央係採常務委員制，並無主席之名。司徒美堂、趙昱、張書城、楊天孚等，均為常委，共同負中央黨務責任。名義平等、職責平等。今竟稱司徒美堂為「主席」，不知此主席何來？足見該黨之成立，不但對外未治洪門，對內亦未能融和黨眾。

七、趙昱自建南洋勢力

洪門民治黨成立伊始，便遭到黨外洪門的反對，與黨內同志的不滿。司徒美堂等，深感勢孤力弱，急思覓求外援！乃於三十六年三月間，派趙昱、張書城、楊健夫（即楊天孚）、朱今石等為代表，與中國民生共進黨（樊崧甫負責），中國國民自由黨（林東海負責）協商。於三十六年六月二十一日；在上海西藏路大新公司五層樓酒家，聯合組成「中間黨聯盟」，（類似「中國民主同盟」組織）。資為該黨增壯聲色！另一方面，司徒美堂以該黨在國內受阻於洪門。便亟謀發展港、澳及南洋一帶之黨務，以擴大基礎。並準備將該黨總部，由上海移設香港，俾能就近指揮。當派該黨生產部部長，原與司徒美堂貌合神離的趙昱赴港準備。

趙昱字壽彭，原為南洋「致公堂」總理。在南徉各地之洪門中，頗有號召力量（司徒美堂勢力，在美國舊金山等地）。原來很想參加國民大會；但未能實現。以故不但對政府甚為不滿！對司徒美堂亦感失望！同時，他對該黨中央組織部部長楊天孚、秘書長張書城之與政府親近，亦極不同意。因藉赴南洋各地，發展黨務的機會，以營其私，為自己另樹一幟打基礎。趙昱到達香港時，其黨徒曾往碼頭獻花歡迎！並舉行盛大的歡迎會。趙昱在港，亦極活躍。除拜訪政府駐港各機構，及香港政府各部門外。並與「中國民主促進會」的李濟琛、蔡廷楷、黃精一等晤面，有所商洽。該黨駐港澳總支部籌備會，自趙昱蒞港後，亦積極籌備，隨即成立。由熊少豪任主委，黃滄海任副主委，劉錦燦任主任秘書，陳偉濤任總務科長，葉碧珊任組織科長，陳植中任社運科長，施偏佐任訓練科長，劉顯東任文教科長，黃長綠任宣傳科長。另於港澳各區，分設支部。總支部設於香港干諾道中一三四號，公開掛牌。儼然一政黨機關，亦趙昱假公營私所奠立的基礎。

香港布署既定。趙昱曾一度赴澳門活動；但不幸的，卻被澳門政府當局，以擾亂治安罪，驅逐出境。趙昱受辱回港後，曾發動其黨徒，向澳門當局抗議。並擬繼續在澳門活動。卻未聽到下文。趙昱以菲律賓洪門兄弟甚多，決定前往發展黨務。預遣其菲島親信黨徒，前往籌備歡迎。並為籌募美金八萬元，作為活動費用。趙昱本人，乃於三十六年六月中旬，乘美琪將軍號郵輪赴菲。寓馬尼剌苑倫那街僑商杜澤生處。其活動的主要目的，則為籌募大批經費，作為私黨基金。洪門在菲律賓的組織，原有中國洪門青年團、青年尚武國術社、洪光學校、僑商公報、抗日鋤奸義勇軍同志總會，秉公社、竹林協議團、協和社等，聞與趙昱都已採取相當聯絡。趙昱在菲逗留一月，收穫頗有可觀。隨後乃轉赴南洋其他各埠活動。

八、野心未遂司徒告退

國民大會開會（定三十五年十一月十五日召開）的前夕。司徒美堂曾到南京活動。要求政府分配該黨一百名國大代表；但未獲准。政府僅遴選司徒美堂個人，為華僑國大代表。司徒美堂原是有所為而來，既未如願以償，因對政府不滿，亦拒不出席。同時，他代表該黨向政府所要求的，未能實現，也遭到黨內的攻擊。因而表示消極。趙昱在該黨之內，頗有些潛勢力，且能號召南徉一帶的洪門。與司徒美堂的感情，原不甚洽，觀此情形，即有取司徒美堂地位而代之的野心。乃極力設伕培植其個人勢力。曾代表該黨參加「中間黨聯盟」，與司徒美堂的意見亦相左。加以駱介子、張書城等，又從中挑撥煽動。雙方情感，乃益趨惡化。趙昱藉口發展南洋黨務，建立私人基礎。曾先後到港、澳及菲島等地，大肆活動的情形，已經不是秘密。

司徒美堂深覺黨內日趨複雜，離心太甚。團結無望。自己又年老力衰（三十六年時已八十二歲），徒擁虛名，毫無實力，甚且成了他人擺布的傀儡。不得已，遂由消極態度而引退，正式宣布脫離該黨。他於三十六年九月六日，在上海大西洋菜社，公開招待記者，發表脫黨聲明說：「去歲自美返國後，鑒於國內時局動亂，乃有集合海外洪門同志組黨，以發揚洪門傳統精神，而協助政府安定人心之志。惟民治黨成立一年來，徒見多數黨內分子，致力於黨派之紛爭，而未能從事於國家生產建設事業之努力。舍本逐末，實違初衷。個人意見既不同於眾，脫黨亦不致影響黨之前途。近復經華北、華南及海外洪門同志李梅林、魏大可、王慕沂、張遜之、陳鐵吾、張輔邦、王志聖等二百餘人，通電贊成。乃毅然宣布脫黨。今後將致力教育，以實現不爭之為爭的建設本志」。

司徒美堂脫黨以後，順水推舟，該黨的領導大權，便自然落入趙昱之手。趙則一方推行黨的改組；一方今後之活動中心，決定移往華南及海外。另一方面，該黨的重要分子，如譚護等五十餘人，則通電挽留司徒美堂，繼續領導。並在香港為司徒美堂舉行盛大祝壽。故司徒美堂，名雖脫黨，實際上仍未脫離關係。由於其親信的鼓動，且有再起爐灶的醞釀。

九、趙昱一派又再分裂

趙昱親自設立的該黨港澳總支部，受了中央總部內爭的影響，隨亦發生變化。內部分裂為兩大派。其分裂的原因：一、趙昱前來香港組「港澳總支部」時，曾委派執監委員六十一人。隨被該黨中央推翻，重新另派委員五十人（內候補十九人）。但新委員之委任狀，係由該黨中央駐會委員高天紱一人所署委，而司徒美堂及趙昱，均未簽署。大部分黨員，認為不合，因而引起反對。二、港澳總支部內，原來分為三派：1.朱家兆派，有熊少豪、黃滄海、朱妁雲（朱家兆之子）、陳直中等。2.趙昱派，有施倫佐、黃大樞、趙長慶等二十餘人（此派人數最多）。3.司徒美堂派，有劉錦東、劉錦燦、梁創仲等。司徒派與趙昱派原是相左的。離合靡定，現為利害關係，兩派又據手合作抵抗朱派。這就是該黨分裂之主因。其次，總支部主委熊少豪（朱派）在洪門中的歷史甚棧。且把持黨務，任用私人。引起多人反對。亦分裂成因之一。

反對派在施倫佐（趙振）領導之下，已組成執監委員整理委員會。在大中華酒店五樓七號，設立辦事處。提出排除門賣黨分子」，必要時另組「新民治黨」。整理委員會，已推定劉錦東、施倫佐、梁創仲、樞標、趙禮東、劉錦燦、林飛熊、張海若、陳偉濤等為常委。黃大樞、楊馥、黃啟林、謝佑基等為委員。並推施倫佐、趙禮東為對外發言人。

朱派熊少豪等之執監委員。則圖造成既成事實，便不管簽署是否合法問題？決定先行就職。計有熊少豪（主委）、黃淪海（副主委）、葉碧珊、陳直中、劉寶鈞、黃曉山、朱妁雲、曾玉波、彭天雄、林維德、鍾懋時、陳綺雲、趙善燦等。而屬於反對派之執監委員，則拒不就職．並電請趙昱親來處理。趙據報後，即起程趕赴香港。於九月四日由小呂朱抵埠，便急速赴滬，會晤司徒美堂，商討對抗朱家兆派之策，但從此以後，就沒有消息了。

十、會黨搞政給的終局

總之，洪門民治黨，以幫會變黨而搞政治．既非其料，亦非其長。因為洪門本質，乃社會各色人物的混合體。門戶派系甚為龐雜繁多，且積不相能。統一組織，自不容易。故洪門民治黨，自司徒美堂宣布脫黨之後．黨勢已成分崩離析狀態。不但內部糾紛未息，反而鬥爭愈烈。其無前途，可以想見。中國共產黨據有中國大陸後，為針對海外華僑及歸國僑眷的「統戰」需要，在其八個附庸黨派之中，保留了有名無實的「致公黨」，（陳其尤、官文森、嚴希純等所組織），作其「統戰工具」。而較具規模的洪門民治黨，則反而莫知所終了。（中外雜誌第一六三期）

附：中國洪門民治黨政綱

總　綱

本黨以內謀人民利益，臻國家於富強；外謀全人類幸福，進世界於大同，為最高目的。

（甲）政　治

一、實行地方自治，實現民主政治。

二、簡化行政機構，縮小省區畫分。

三、建立文官制度，規定政務官任期，並改善公教人員待遇，確立公務員保障法，獎勵廉潔，嚴懲負污，以實施廉能政治。

（乙）軍　事

四、實行征兵制，提高官兵生活，刷新軍事教育，應建立健全之人事與經理制度。

五、整編全國軍隊為國防軍，分駐於編練區及國防戰略地，軍量以配合國防需要為定。國防軍官兵，一律不得參加黨派戰爭，及干涉行政。

（丙）外　交

六、保持國家領土主權之完整。

七、實行自主的外交，為爭取國際之真正自由平等。

八、擁護聯合國機構，應保障有關國際和平貴一切公約，以維持世界永久和平。

（丁）經　濟

九、在提高國民生活，充實國防需要之計畫生產原則上，盡量發展國營事業。

十、確立私人土地及資產之最高限額，徹底辦理全國財產登記，並限期完成。所有超額財產在未登記前，可聽私人自由處分。

十一、發展農村經濟，增進農業生產，獎勵聯營農場，促進農業工業化，務使都市農村，平衡發展。

十二、厲行保護關稅，開拓國際市場，防止外貨傾銷，保護民族工業。

十三、獎勵僑胞人力資力開發祖國。

十四、在不妨礙主權之原則下，利用外資，並聘用國際技術人才，開發富源。

十五、推行合作事業，制止剝削壟斷。

（戊）文 教

十六、發揚中國固有文化，培養國民道德；提倡科學研究改進國民生活。

十七、實施義務教育，以達到各級學校免費為至終目的。

十八、實行計劃教育，根據實際需要，作育人才。

十九、進刪工讀教育，及各種補習教育，以培查貧困及失學青年。

二十、獎勵舉辦文化事業，優待文化界人士。

廿一、獎勵科學發明，及文外譯著：並與各國交換大學教授及學生。

（己）社 會

廿二、制定社會禮節，養成銀好風尚。

廿三、實施保護勞工政策，推行社會保險，及各種福利事業。

註：本文節錄：王覺源，《中國黨派史》（台北：正中書局，民72年10月台初版）。

附件四：洪門與中國近代政治黨派分合關係表

表例：————有直接人事連接關係

- - - - - - - - -無直接人事連接關係

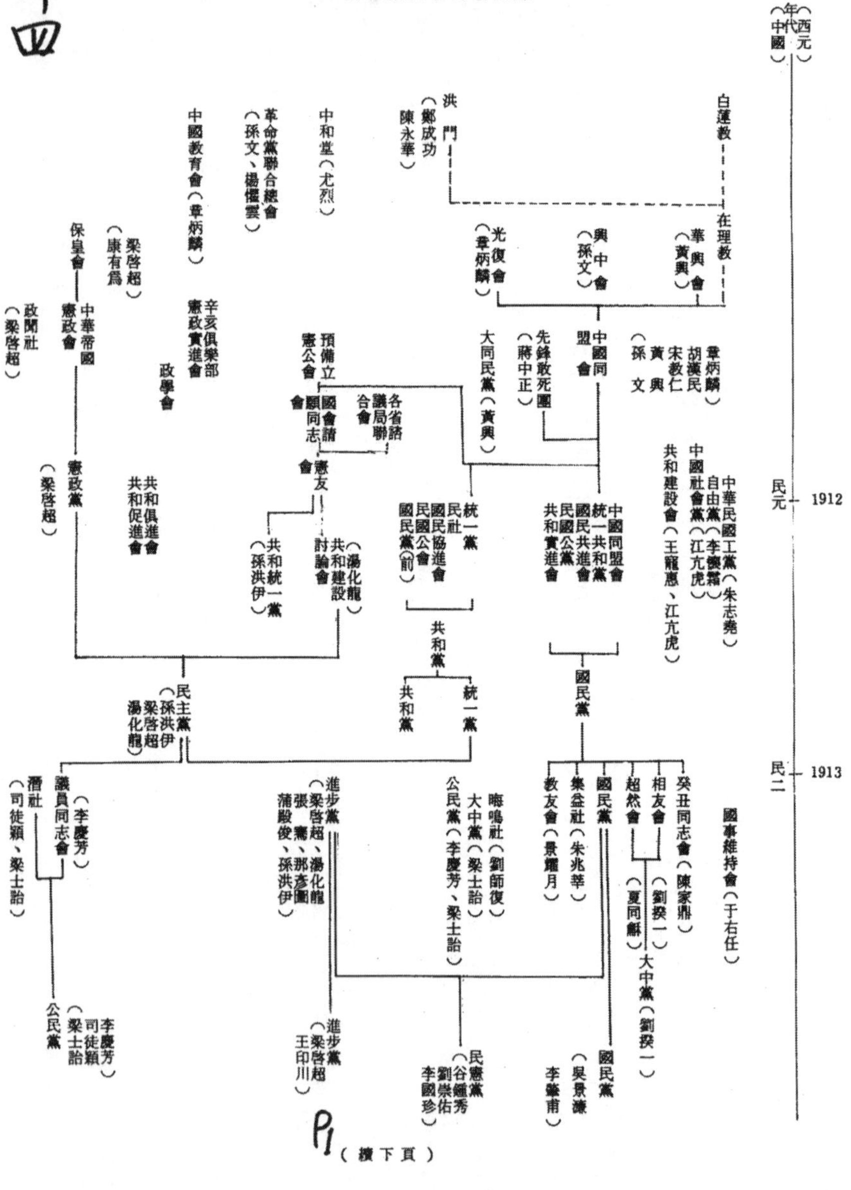

P1 （續下頁）

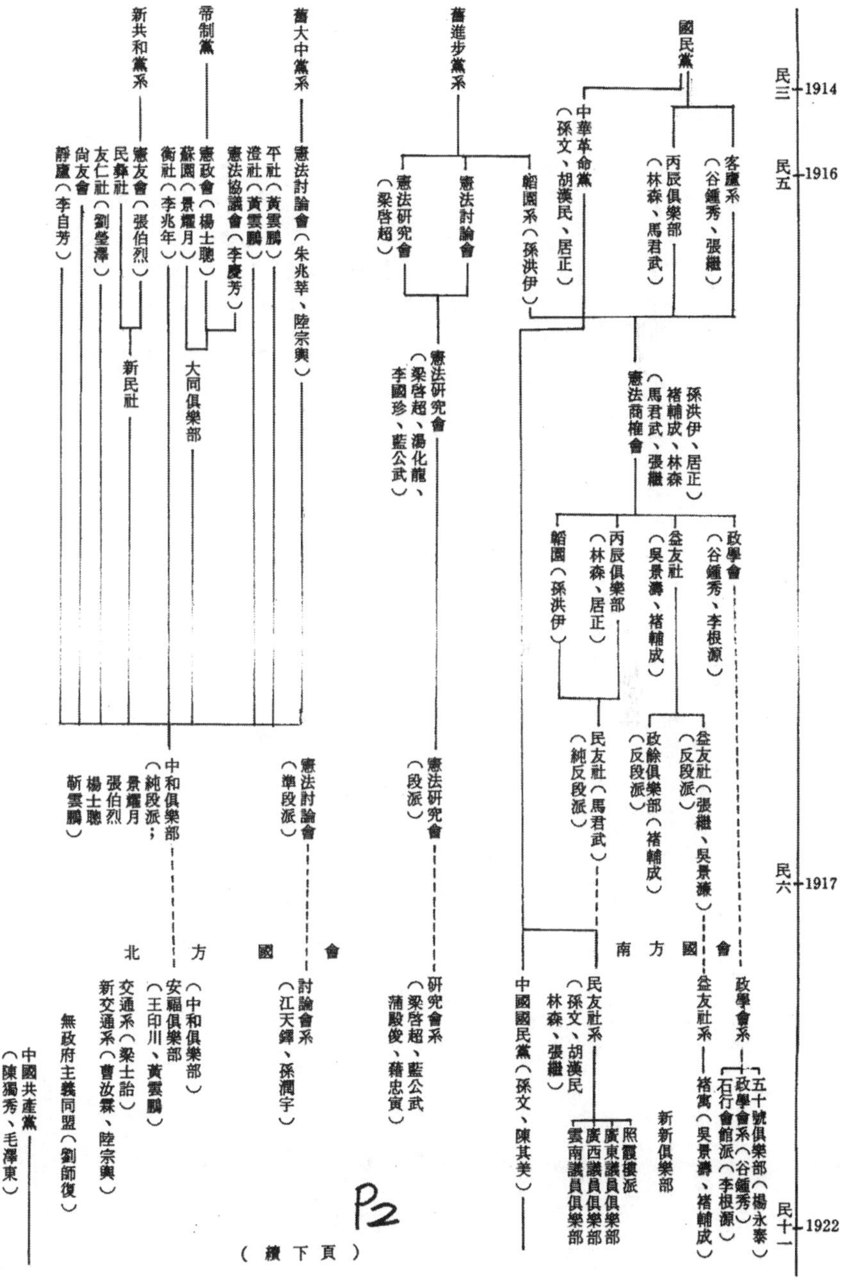
民三 1914
民五 1916
民六 1917
民十一 1922
國民黨
中華革命黨（孫文、胡漢民、居正）
丙辰俱樂部（林森、馬君武）
客廬系（谷鍾秀、張繼）
韜園系（孫洪伊）
舊進步黨系
憲法討論會
憲法研究會（梁啓超）
憲法研究會（梁啓超、湯化龍、李國珍、藍公武）
憲法商榷會（孫洪伊、居正、褚輔成、林森、馬君武、張繼）
政學會（谷鍾秀、李根源）
益友社（吳景濂、褚輔成）
丙辰俱樂部（林森、居正）
韜園（孫洪伊）
益友社（張繼、吳景濂）（反段派）
政餘俱樂部（褚輔成）（反段派）
民友社（馬君武）（純反段派）
南方國會
政學會系
益友社系
民友社系（孫文、胡漢民、林森、張繼）
中國國民黨（孫文、陳其美）
五十號俱樂部（楊永泰）
政學會系（谷鍾秀）
石行會館派（李根源）
褚寓（吳景濂、褚輔成）
新新俱樂部
照霞樓派
廣東議員俱樂部
廣西議員俱樂部
雲南議員俱樂部
憲法研究會（段派）
研究會系（梁啓超、藍公武、蒲殿俊、籍忠寅）
舊大中黨系
憲法討論會（朱兆莘、陸宗輿）
憲法協議會（李慶芳）
平社（黃雲鵬）
澄社（黃雲鵬）
帝制黨
憲政會（楊士聰）
蘇園（景耀月）
衡社（李兆年）
新共和黨系
憲友會（張伯烈）
民彝社
友仁社（劉瑩澤）
尚友會
靜廬（李自芳）
大同俱樂部
新民社
憲法討論會（準段派）
中和俱樂部（純段派；景耀月、張伯烈、楊士聰、靳雲鵬）
北方國會
討論會系（江天鐸、孫潤宇）
（中和俱樂部）安福俱樂部（王印川、黃雲鵬）
交通系（梁士詒）
新交通系（曹汝霖、陸宗輿）
無政府主義同盟（劉師復）
中國共產黨（陳獨秀、毛澤東）

P2

（續下頁）

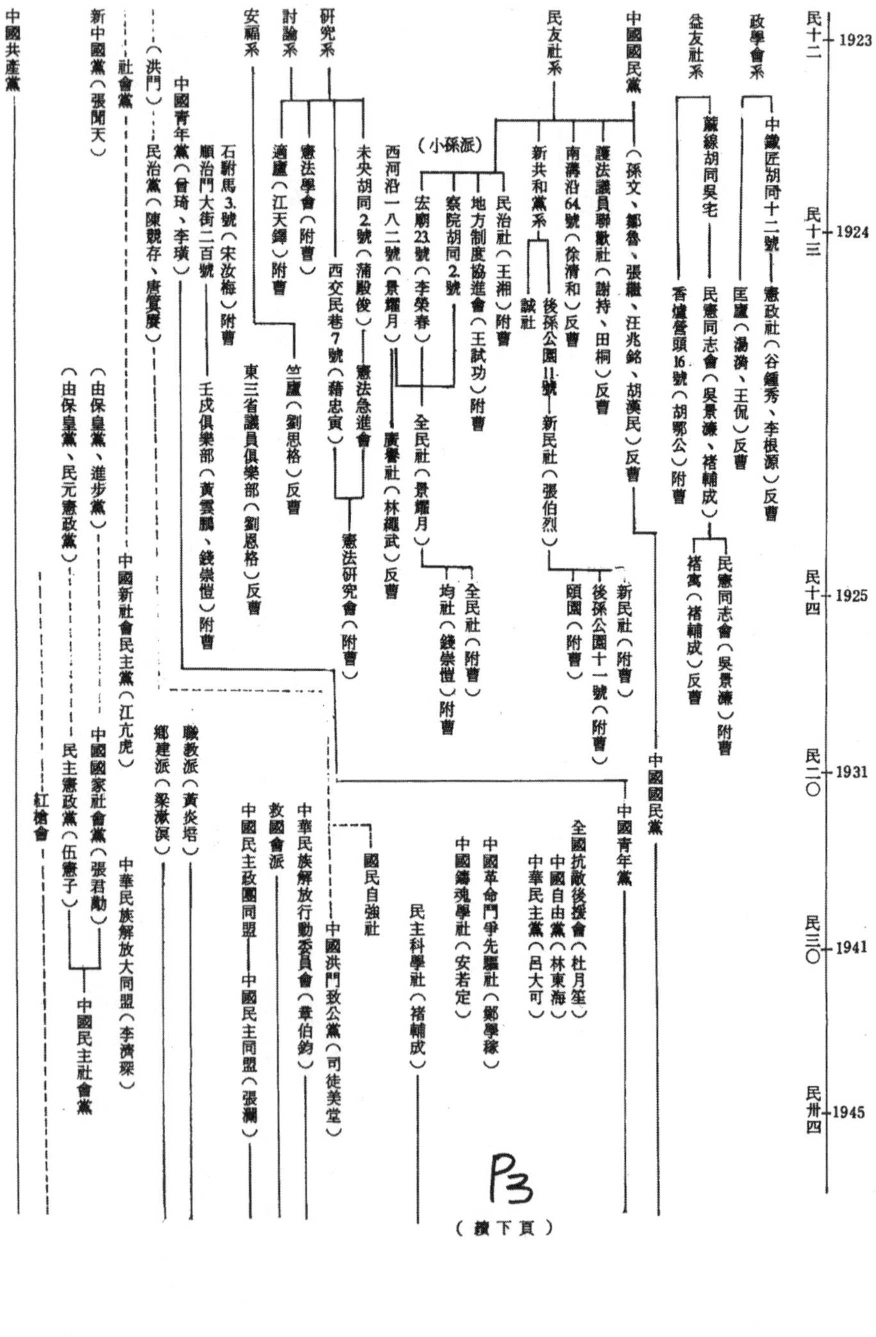
民十二 1923
民十三 1924
民十四 1925
民二〇 1931
民三〇 1941
民卅四 1945
政學會系
中鐵匠胡同十二號
憲政社（谷鍾秀、李根源）反曹
匡廬（湯漪、王侃）反曹
益友社系
蘇線胡同吳宅
民憲同志會（吳景濂、褚輔成）
民憲同志會（吳景濂）附曹
褚寓（褚輔成）反曹
香爐營頭16號（胡鄂公）附曹
中國國民黨
（孫文、鄒魯、張繼、汪兆銘、胡漢民）反曹
中國國民黨
民友社系
護法議員聯歡社（謝持、田桐）反曹
南溝沿64號（徐清和）反曹
新共和黨系
後孫公園11號
新民社（張伯烈）
誠社
新民社（附曹）
後孫公園十一號（附曹）
頤園（附曹）
（小孫派）
民治社（王湘）附曹
地方制度協進會（王試功）附曹
察院胡同2號
宏廟23號（李榮春）
全民社（景耀月）
全民社（附曹）
均社（錢崇愷）附曹
西河沿一八二號（景耀月）
廣譽社（林翊武）反曹
研究系
未央胡同2號（蒲殿俊）
憲法急進會
西交民巷7號（籍忠寅）
憲法研究會（附曹）
憲法學會（附曹）
討論系
適廬（江天鐸）附曹
笠廬（劉恩格）反曹
安福系
東三省議員俱樂部（劉恩格）反曹
石駙馬3號（宋汝梅）附曹
順治門大街二百號
壬戌俱樂部（黃雲鵬、錢崇愷）附曹
中國青年黨（曾琦、李璜）
（洪門）
民治黨（陳競存、唐質庭）
社會黨
中國新社會民主黨（江亢虎）
新中國黨（張闓天）
（由保皇黨、進步黨）
（由保皇黨、民元憲政黨）
中國共產黨
中國青年黨
全國抗敵後援會（杜月笙）
中國自由黨（林東海）
中華民主黨（呂大可）
中國革命鬥爭先驅社（鄭學稼）
中國鑄魂學社（安若定）
民主科學社（褚輔成）
國民自強社
中國洪門致公黨（司徒美堂）
中華民族解放行動委員會（章伯鈞）
救國會派
中國民主政團同盟
中國民主同盟（張瀾）
職教派（黃炎培）
鄉建派（梁漱溟）
中華民族解放大同盟（李濟琛）
中國國家社會黨（張君勱）
民主憲政黨（伍憲子）
中國民主社會黨
紅槍會

（續下頁）

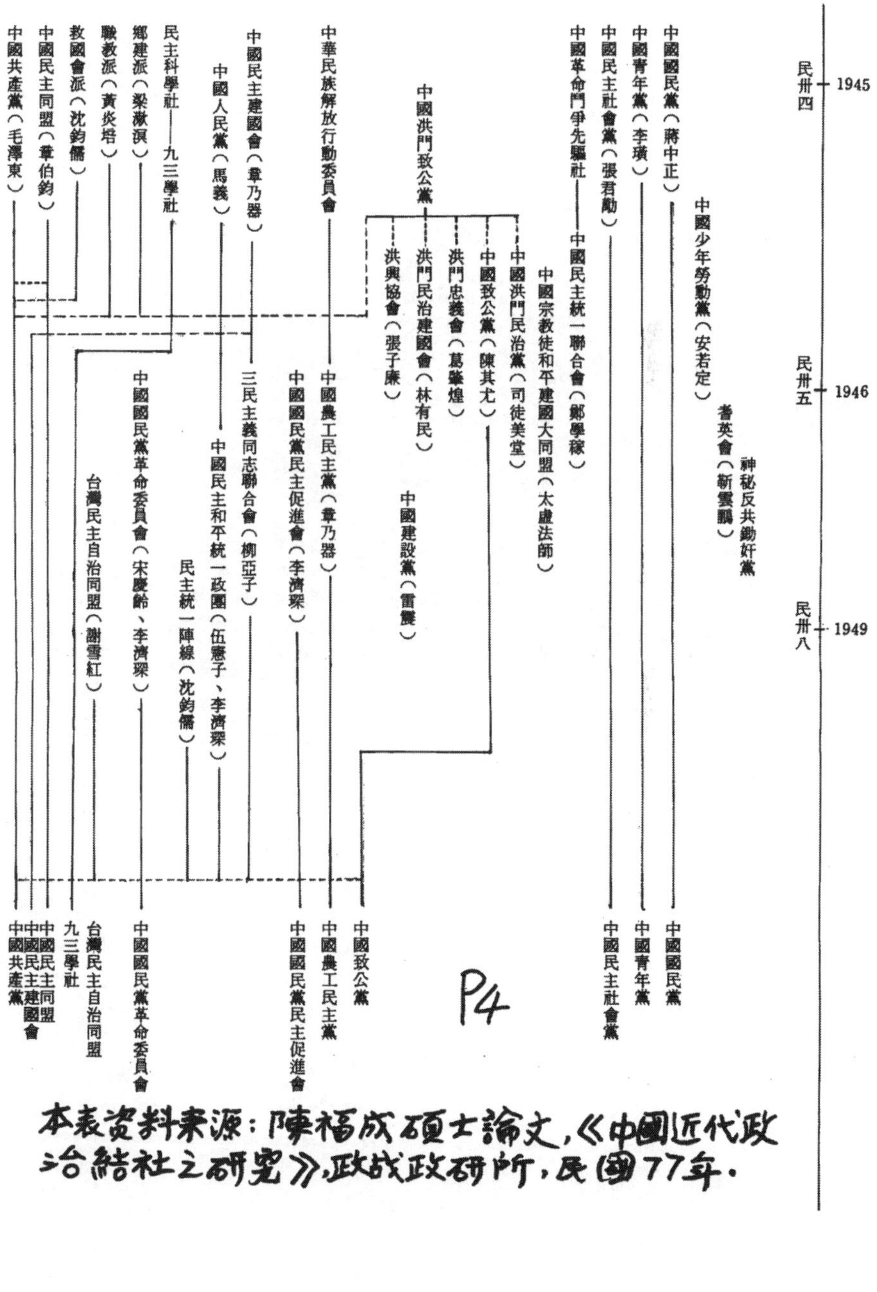

本表資料來源：陳福成碩士論文，《中國近代政治結社之研究》，政戰政研所，民國77年。

附件五　全統會參加洪門歷史文化協會成立照片錦集

「全統會」八代表在澳門置地廣場酒店內合影，右起：吳珠延、王若蘭、吳淑媛、會長王化榛先生、筆者、張屏、趙良林、陳美玉。以下各照片姓名均從略。

會場內

等待美的饗宴

上　圖：每個人載的是「世界洪門歷史文化協會」紀念章。
左下圖：神龍上台！
右下圖：舞動 200 公尺的神龍！

上圖：這像一家人嗎？前右是我們的長老
王化榛先生
左圖：在酒店內！

上圖：在會場門口與各來賓合影！
左圖：在會場大門口。

上圖：佳賓合影。
左圖：前排各方領導，右二是「全統會」
會長王化榛先生。。

上圖：各方領導剪彩。
左圖：會場一角。

陳福成著作全編總目

壹、兩岸關係

①決戰閏八月
②防衛大台灣
③解開兩岸十大弔詭
④大陸政策與兩岸關係

貳、國家安全

⑤國家安全與情治機關的弔詭
⑥國家安全與戰略關係
⑦國家安全論壇。

參、中國學四部曲

⑧中國歷代戰爭新詮
⑨中國近代黨派發展研究新詮
⑩中國政治思想新詮
⑪中國四大兵法家新詮：孫子、吳起、孫臏、孔明

肆、歷史、人類、文化、宗教、會黨

⑫神劍與屠刀
⑬中國神譜
⑭天帝教的中華文化意涵
⑮奴婢妾匪到革命家之路：復興廣播電台謝雪紅訪講錄
⑯洪門、青幫與哥老會研究

伍、詩〈現代詩、傳統詩〉、文學

⑰幻夢花開一江山
⑱赤縣行腳・神州心旅
⑲「外公」與「外婆」的詩
⑳尋找一座山
㉑春秋記實
㉒性情世界
㉓春秋詩選
㉔八方風雲性情世界
㉕古晟的誕生
㉖把腳印典藏在雲端
㉗從魯迅文學醫人魂救國魂說起
㉘六十後詩雜記詩集

陸、現代詩（詩人、詩社）研究

㉙三月詩會研究
㉚我們的春秋大業：三月詩會二十年別集
㉛中國當代平民詩人王學忠
㉜讀詩稗記
㉝嚴謹與浪漫之間
㉞一信詩學研究：解剖一隻九頭詩鵲
㉟囚徒
㊱胡爾泰現代詩臆說
㊲王學忠籲天詩錄

柒、春秋典型人物研究、遊記

㊳山西芮城劉焦智「鳳梅人」報研究
㊴在「鳳梅人」小橋上

㊵我所知道的孫大公
㊶為中華民族的生存發展進百書疏
㊷金秋六人行
㊸漸凍勇士陳宏

捌、小說、翻譯小說

㊹迷情・奇謀・輪迴、
㊺愛倫坡恐怖推理小說

玖、散文、論文、雜記、詩遊記、人生小品

㊻一個軍校生的台大閒情
㊼古道・秋風・瘦筆
㊽頓悟學習
㊾春秋正義
㊿公主與王子的夢幻、
51洄游的鮭魚
52男人和女人的情話真話
53台灣邊陲之美
54最自在的彩霞
55梁又平事件後

拾、回憶錄體

56五十不惑
57我的革命檔案
58台大教官興衰錄
59迷航記、
60最後一代書寫的身影
61我這輩子幹了什麼好事
62那些年我們是這樣寫情書的
63那些年我們是這樣談戀愛的
64台灣大學退休人員聯誼會第九屆理事長記實

拾壹、兵學、戰爭

65孫子實戰經驗研究
66第四波戰爭開山鼻祖賓拉登

拾貳、政治研究

67政治學方法論概說
68西洋政治思想史概述
69中國全民民主統一會北京行
70尋找理想國：中國式民主政治研究要綱

拾參、中國命運、喚醒國魂

71大浩劫後：日本 311 天譴說
日本問題的終極處理
72台大逸仙學會

拾肆、地方誌、地區研究

73台北公館台大地區考古・導覽
74台中開發史
75台北的前世今生
76台北公館地區開發史

拾伍、其他

77英文單字研究
78與君賞玩天地寬（文友評論）
79非常傳銷學
80新領導與管理實務

拾陸：2015 年 9 月後新著

編號	書　　　　名	出版社	出版時間	定價	字數（萬）	內容性質
81	一隻菜鳥的學佛初認識	文史哲	2015.09	460	12	學佛心得
82	海青青的天空	文史哲	2015.09	250	6	現代詩評
83	葉莎現代詩欣賞	秀威			6	現代詩評
84	為播詩種與莊雲惠詩作初探	文史哲	2015.11	280	7	童詩、現代詩評
85	世界洪門歷史文化協會論壇	文史哲	2015.12		6	洪門研究
86						
87						
88						
89						
90						
91						
92						
93						
94						
95						
96						
97						
98						
99						
100						

國防通識課程及其它著編作品

（各級學校教科書）

編號	書　　名	出版社	教育部審定
1	國家安全概論（大學院校用）	幼　獅	民國 86 年
2	國家安全概述（高中職、專科用）	幼　獅	民國 86 年
3	國家安全概論（台灣大學專用書）	台　大	（臺大不送審）
4	軍事研究（大專院校用）	全　華	民國 95 年
5	國防通識（第一冊、高中學生用）	龍　騰	民國 94 年課程要綱
6	國防通識（第二冊、高中學生用）	龍　騰	同
7	國防通識（第三冊、高中學生用）	龍　騰	同
8	國防通識（第四冊、高中學生用）	龍　騰	同
9	國防通識（第一冊、教師專用）	龍　騰	同
10	國防通識（第二冊、教師專用）	龍　騰	同
11	國防通識（第三冊、教師專用）	龍　騰	同
12	國防通識（第四冊、教師專用）	龍　騰	同
13	臺灣大學退休人員聯誼會會務通訊	文史哲	

註：以上除編號 4，餘均非賣品，編號 4 至 12 均合著。

編號 13 定價一千元。